Als Mieter Geld sparen

So schützen Sie sich vor unzulässigen Kosten und Forderungen

Akademische Arbeitsgemeinschaft Verlag | Mannheim

© 2015 by Akademische Arbeitsgemeinschaft Verlag
Wolters Kluwer Deutschland GmbH
Postfach 10 01 61 · 68001 Mannheim
Telefon 0621/8626262
Telefax 0621/8626263
www.akademische.de

Stand: 2015

Redaktion: Dr. Torsten Hahn, Nathalie Haspel, Dorothee Hoßbach

Verlagsleitung: Hubert Haarmann

Herstellung und Satz: Nathalie Haspel

Layout: futurweiss kommunikationen, Wiesbaden

Umschlaggrafik: © contrastwerkstatt − Fotolia.com

Druck: Paper & Tinta, Nadma

ISBN 978-3-86817-695-7

Vorwort

In Deutschland bestehen über 35 Millionen Mietverhältnisse. Nahezu jeder wird in seinem Leben einmal mit mietrechtlichen Fragen konfrontiert. Das Mietrecht ist also ein ganz wichtiges Rechtsgebiet in unserem Alltag. Und der Mietvertrag ist für viele Menschen von existenzieller Bedeutung. Dabei werden die Beteiligten, Vermieter und Mieter, nicht nur mit rechtlichen Fragen und Problemen konfrontiert; beim Mietrecht geht es insbesondere auch ums liebe Geld. Im Schnitt wenden wir nämlich mehr als ein Drittel unseres Haushaltsnettoeinkommens für Miete und Nebenkosten auf. Allein die Mietnebenkosten belaufen sich mittlerweile nach Schätzungen des Deutschen Mieterbunds bei einer 80 m² großen Wohnung auf über € 3 000,– im Jahr.

Das Mietrecht ist von völlig unterschiedlichen Interessen der Beteiligten geprägt. Der Vermieter ist in erster Linie an einer guten Verzinsung seines Grundkapitals interessiert. Er will einen unkomplizierten Mieter, der pünktlich eine möglichst hohe Miete zahlt und darüber hinaus auch seinen sonstigen vertraglichen Verpflichtungen nachkommt. Der Mieter dagegen ist an möglichst preiswertem und gut ausgestattetem Wohnraum interessiert; er will, dass der Vermieter die Mieterrechte beachtet, seiner Instandhaltungs- und Instandsetzungspflicht nachkommt und im Übrigen will er seine Ruhe haben.

Zwischen diesen völlig unterschiedlichen Interessen muss das gesetzliche Mietrecht einen einigermaßen gerechten Ausgleich schaffen. In diesem Zusammenhang werden Ihnen als Mieter viele Rechte und Ansprüche gegen den Vermieter eingeräumt. Leider ist es aber in der komplizierten Welt der Paragrafen nicht einfach, zu erfahren, welche Rechte Ihnen im konkreten Einzelfall zustehen und wie Sie diese Rechte gegenüber Ihrem Vermieter geltend machen können. Natürlich können Sie sich an einen fachkundigen Anwalt oder an den örtlichen Mieterverein wenden; das kostet aber einerseits Geld, und andererseits will man nicht immer das gute Einvernehmen mit dem Vermieter gefährden, wenn man rechtliche Hilfe in Anspruch nimmt. Gleichwohl werden Sie aber letztlich auf Hilfe fachkundiger Dritter zurückgreifen müssen, wenn Ihr Vermieter uneinsichtig auf seiner Meinung beharrt und Sie sich in Ihren Rechten beeinträchtigt fühlen. Unabhängig davon ist es aber wichtig, dass Sie in der Lage sind, einen konkreten Sachverhalt mietrechtlich zu beurteilen, weil damit nicht zuletzt auch finanzielle Konsequenzen verbunden sind.

In diesem Ratgeber lernen Sie Ihre Rechte und Pflichten aus dem Wohnungsmietverhältnis kennen. Die Ausführungen beschränken sich auf solche Fragen, die auch finanzielle Folgen haben und bei denen es sich deshalb lohnt, die gesetzlich eingeräumten Rechte auch tatsächlich wahrzunehmen. Viele konkrete Tipps sollen Ihnen helfen, eine für Sie günstige rechtliche Situation zu schaffen. Es werden Fallstricke und Risiken aufgezeigt, die Sie vor rechtlichen und finanziellen Nachteilen schützen sollen. Anhand konkreter Beispiele wird das jeweilige Problem so verdeutlicht, dass Sie Ihre individuelle Situation erkennen und auf der Grundlage der aufgezeigten Lösungswege die richtige Entscheidung treffen können.

Inhalt

1 Wohnungssuche, Mietvertrag & Co. – Finanzielle Nachteile vermeiden

Viele Streitigkeiten, die für den Mieter ärgerlich sind und ihn letztlich Geld kosten, haben ihre Ursachen im Mietvertrag. Und bereits bei der Wohnungssuche ergeben sich viele finanzielle Fallstricke, denen es auszuweichen gilt.

1.1 Wie Sie die richtige Wohnung finden

Für die meisten Menschen ist die Wohnung ein wichtiger Bestandteil ihres Lebens. Wer mit seiner Wohnung, in der er lebt, nicht zufrieden ist, vergeudet nicht nur Lebensqualität, sondern auch Geld.

1.1.1 Anforderungen an die richtige Wohnung

Aber die richtige Wohnung zu finden, ist gar nicht so einfach. Man muss sich insbesondere Zeit lassen, denn ein wenig Geduld kann sich in Euro und Cent bemerkbar machen. Bevor Sie sich also auf die Suche nach einer neuen Wohnung machen, müssen Sie sich zunächst darüber klar werden, welche Ansprüche Sie an die Wohnung stellen. Und am besten ist es, wenn Sie vor der Besichtigung alles schriftlich notieren, was Ihnen wichtig ist.

Nehmen Sie sich Zeit für die Wohnungssuche und prüfen Sie, ob die angebotene Wohnung alle wichtigen Eigenschaften besitzt. Besichtigen Sie eine Wohnung immer bei Tageslicht. Dann können Sie Besonderheiten und Mängel leichter feststellen. Eine Person Ihres Vertrauens sollte Sie bei der Besichtigung begleiten: Vier Augen sehen mehr als zwei. Besichtigen Sie eine Wohnung möglichst an einem Werktag (an Sonn- und Feiertagen sind mögliche Beeinträchtigungen durch den Berufs- und Anlieferverkehr geringer) und besichtigen Sie unbedingt auch die Umgebung. Im Anhang 1 finden Sie eine Checkliste für die Wohnungsbesichtigung.

Achtung: Achten Sie darauf, dass der Vermieter Sie nicht mit niedrigen Betriebskostenvorauszahlungen »lockt« und Ihnen eine preiswerte Wohnung vorspiegelt. Sie müssen letztlich immer alle angefallenen Betriebskosten entrichten. Eine Nachzahlung ist theoretisch in unbegrenzter Höhe möglich. Als Mieter können Sie nicht darauf vertrauen, dass die vereinbarten Vorauszahlungen ausreichend sind, um die abzurechnenden Kosten zu decken. Fragen Sie deshalb vor Abschluss des Mietvertrags nach den Betriebskosten und lassen Sie sich gegebenenfalls die Vorjahresabrechnungen zeigen. Beim örtlichen Mieterverein können Sie auch den Betriebskostenspiegel des Deutschen Mieterbundes einsehen und sich ein Bild über die realistische Höhe der Betriebskosten machen.

Bei besonders niedrigen Vorauszahlungen sollten Sie vom Vermieter eine schriftliche Bestätigung verlangen, dass die vereinbarten Vorauszahlungen ausreichend sind. In diesem Fall sind die Nachforderungen des Vermieters grundsätzlich auf den Betrag der Vorauszahlungen begrenzt, wobei geringfügige Abweichungen von bis zu 15 % vom Mieter noch hingenommen werden müssen.

Bei zu niedrig angesetzten Betriebskostenvoraussetzungen können Sie unter Umständen den Mietvertrag wegen arglistiger Täuschung anfechten, wenn Sie nachweisen können, dass Sie den Mietvertrag nicht abgeschlossen hätten, wenn Ihnen die tatsächlichen Betriebskosten bekannt gewesen wären. In diesem Fall können Sie vom Vermieter Schadensersatzansprüche geltend machen. Sie müssen dann allerdings auch einen finanziellen Schaden beweisen. Holen Sie in jedem Fall fachkundigen Rat ein, wenn Sie in dieser Form gegen den Vermieter vorgehen wollen.

Von besonderer Bedeutung bei der Suche der passenden Wohnung sind die zu erwartenden Energiekosten. Diese machen vor allem bei nicht sanierten Gebäuden einen immer größeren Teil der Wohnkosten aus. Deshalb müssen Vermieter von Mehrfamilienhäusern seit Mai 2014 dem potenziellen Mieter die Energiedaten nennen. Sie sind verpflichtet, Mietinteressenten bei der Objektbesichtigung den Energieausweis vorzulegen oder auszuhändigen. Wer die Angaben unterlässt, begeht eine Ordnungswidrigkeit und riskiert ein Bußgeld.

Der Energieausweis soll Auskunft darüber geben, ob es sich bei dem Haus um einen Sparmeister oder Energieverschwender handelt. Doch was genau die Zahlen auf dem Ausweis aussagen und vor allem, mit welchen Energiekosten zu rechnen ist, erschließt sich dem Laien nicht unbedingt. So gibt es eine eher verwirrende Unterscheidung zwischen dem sogenannten Bedarfs- und dem Verbrauchsausweis.

- Der Bedarfsausweis basiert auf einer Berechnung, wie hoch der Energiebedarf eines Gebäudes aufgrund seiner Bauweise sein soll. Niedrigenergiehäuser zeichnen sich hier durch Werte im grünen Bereich aus, ältere und unsanierte Gebäude erkennt man durch hohe Werte im roten Bereich.

- Der Verbrauchsausweis hingegen basiert auf dem tatsächlichen Energieverbrauch der Bewohner eines Hauses. Hierbei wird der gemessene Verbrauch aller Wohnungen des Gebäudes der letzten drei Jahre herangezogen. Da das Heizverhalten der Hausbewohner sehr unterschiedlich sein kann, ist der Verbrauchsausweis bei älteren Mehrfamilienhäusern nur dann zulässig, wenn diese mindestens fünf Wohneinheiten haben.

Inseriert der Eigentümer bzw. Vermieter in kommerziellen Medien (z. B. per Anzeige in einer Tageszeitung oder im Internet), muss er die wichtigsten energetischen Kenndaten des Energieausweises (insbesondere den Energiebedarf oder -verbrauch) und den Energieträger für die Heizung (z. B. Öl, Gas) bzw. die Art der Beheizung bereits in der Immobilienanzeige angeben. Liegt ein nach dem 1. 5. 2014 ausgestellter Energieausweis für Wohngebäude mit einer Effizienzklasse vor, muss darüber hinaus auch die Klasse veröffentlicht werden.

Die Angaben im Energieausweis erlauben keinen unmittelbaren Rückschluss auf den zu erwartenden Energieverbrauch und die Energiekosten. Diese hängen vielmehr von Faktoren ab, die sich im Ausweis nicht abbilden lassen. Verlassen Sie sich deshalb nicht auf die Daten im Energieausweis, sondern achten Sie bei der Wohnungsbesichtigung auf folgende Details, die für die Energiekosten und den Energieverbrauch von wesentlicher Bedeutung sind:

- Wichtig ist eine ausreichende Wärmedämmung der Außenwände, der Kellerdecke und (bei einem ausgebauten Dachgeschoss) auch der obersten Geschossdecke bzw. des Dachstuhls.

- Die Fenster sollten isolierverglast, besser noch wärmeschutzverglast sein.

- Wird die Heizungsanlage mit fossilen Brennstoffen (Gas, Öl, Fernwärme) beheizt, müssen Sie mit steigenden Brennstoffpreisen rechnen. Unabhängiger sind Sie, wenn erneuerbare Energieträger (z. B. Holzpellets oder Erdwärmenutzung) verwendet werden.

- Mehr Heizenergie wird benötigt, wenn die Wohnung großflächig an Außenwände oder an unbeheizte Gebäudeteile grenzt. Besser ist eine von beheizten Räumen umgebene Wohnung. Wenn Sie sich klar darüber geworden sind, welche Anforderungen Sie an Ihre künftige Wohnung stellen, kommt jetzt der zweite Schritt: die Wohnungssuche.

1.1.2 Wer Ihnen bei der Wohnungssuche helfen kann

Möglichkeiten, die richtige Wohnung zu finden, gibt es viele. Aber aufgepasst: Nicht immer haben Sie es mit seriösen Partnern zu tun.

Erzählen Sie möglichst vielen Personen (z. B. Freunden, Bekannten, Arbeitskollegen), dass Sie eine Wohnung suchen. Scheuen Sie sich nicht, Ihre Absicht an einem »Schwarzen Brett« im Supermarkt oder an anderer geeigneter Stelle bekannt zu machen.

Viele Wohnungen werden immer noch per Zeitungsanzeige angeboten. Studieren Sie also insbesondere am Wochenende die einschlägigen Tageszeitungen. Verschaffen Sie sich einen zeitlichen Vorsprung gegenüber anderen Wohnungssuchenden, indem Sie schon am Vorabend des Erscheinens ein Zeitungsexemplar beim Verlag abholen und dann sofort mit dem Anbieter Kontakt aufnehmen. Sie können auch selbst eine Anzeige schalten. Lassen Sie sich bei der Gestaltung der Anzeige etwas Besonderes einfallen, damit Ihre Annonce wahrgenommen wird. Verzichten Sie aber auf die Angabe unter Chiffre; ein Vermieter wird sich kaum die Mühe machen, sich mit Ihnen per Brief in Verbindung zu setzen.

Nutzen Sie das Internet. Dort finden Sie Immobilienportale, in denen Sie nach bestimmten Kriterien wie Größe, Ausstattung, Lage und Preis suchen können. Häufig werden auch Fotos und Grundrisse angegeben. Auch bei örtlichen Tageszeitungen können Sie unter Umständen online recherchieren.

Nehmen Sie direkten Kontakt mit Wohnungsunternehmen, städtischen Wohnungsvermittlungsgesellschaften und Wohnungsgenossenschaften auf. Und erkundigen Sie sich bei Ihrem Arbeitgeber, ob er Werks- oder Dienstwohnungen anbietet oder Kontakte zu Wohnungsunternehmen oder Maklern hat.

Achtung: Nicht alle Unternehmen, die vorgeben, Wohnungen zu vermitteln, arbeiten seriös. Wie überall sind auch bei den Wohnungsvermittlern Geschäftemacher am Werk, die keine akzeptable Gegenleistung erbringen. Häufig werden nur Adressen verkauft, die aus der Zeitung abgeschrieben wurden. Und Vorsicht ist insbesondere dann geboten, wenn der Vermittler vorab Geld verlangt. Und auch wenn z. B. Wohnungsvermittlungsvereine zunächst eine Beitrittsgebühr oder einen Mitgliedsbeitrag verlangen, ist Vorsicht geboten. Beachten Sie, dass es gesetzlich untersagt ist, Geld zu nehmen, bevor eine Wohnung vermittelt wurde.

1.1.3 Vorsicht, Wohnungsmakler!

Häufig werden Sie es bei Ihrer Wohnungssuche mit einem Makler zu tun haben, sei es, dass der Vermieter ihn eingeschaltet hat, oder dass Sie selbst ihn beauftragt haben. Es gibt leider viele schwarze Schafe in dieser Branche, worunter die seriösen Vertreter dieses Berufs zu leiden haben. Beachten Sie, dass Makler keine geschützte Berufsbezeichnung ist. Im Prinzip kann sich jeder, der ein entsprechendes Türschild an seinem Büro anschraubt, so nennen.

 Wenn Sie selbst einen Makler beauftragen, sollten Sie unbedingt darauf achten, dass dieser Mitglied im Berufsverband der Makler (IVD) ist. Leider ist das aber auch keine Garantie dafür, dass die betreffende Person die Geschäfte ordnungsgemäß abwickelt.

Wenn bei der Wohnungsvermittlung ein Makler eingeschaltet ist, findet zum Schutz des Kunden das Wohnungsvermittlungsgesetz Anwendung. Danach hat der Makler nur dann Anspruch auf ein Entgelt für die Vermittlung oder für den Nachweis der Gelegenheit zum Abschluss von Mietverträgen, wenn durch seine Tätigkeit tatsächlich ein Mietvertrag zustande kommt. Wenn Sie sich also auf der Suche nach einer Mietwohnung an einen Makler wenden, muss er Ihnen nicht nur das konkrete Mietobjekt nennen, sondern auch den Namen und die Anschrift des möglichen Vermieters.

Achtung: Wenn der Makler nur vom Vermieter einen Vermittlungsauftrag erhalten hat und Sie mit dem Makler keinen Vertrag geschlossen haben, sind Sie nicht provisionspflichtig. Nur wenn der Makler klar und eindeutig Ihnen gegenüber zum Ausdruck bringt, dass er die Provision von Ihnen und nicht vom Vermieter verlangt, wenn er die Wohnung vermittelt, müssen Sie zahlen. Der Maklervertrag muss nicht unbedingt schriftlich abgeschlossen werden. Es reicht eine mündliche Vereinbarung aus. Im Zweifel muss aber der Makler seinen Provisionsanspruch beweisen.

Als Mieter müssen Sie in jedem Fall keine Maklergebühr zahlen, wenn

- die vermittelte oder nachgewiesene Wohnung eine Sozialwohnung ist,

- durch den Mietvertrag ein Mietverhältnis über dieselben Wohnräume fortgesetzt, verlängert oder erneuert wird,

- der Mietvertrag über Wohnräume abgeschlossen wird, deren Eigentümer, Verwalter, Mieter oder Vermieter der Wohnungsvermittler ist.

Makler dürfen grundsätzlich nur zwei Monatsmieten Provision (zuzüglich Mehrwertsteuer) verlangen. Nebenkosten, über die gesondert abgerechnet wird, bleiben bei der Berechnung der Monatsmiete unberücksichtigt. Es ist dem Makler untersagt, Vorschüsse zu vereinbaren oder Vergütungen anderer Art (z. B. Auslagenerstattungen, Schreibgebühren) zu verlangen.

 Wenn Sie an den Makler ein ihm nicht zustehendes Entgelt bezahlt haben (z. B. eine überhöhte Provision oder eine Provision, ohne dass ein Mietvertrag zustande gekommen ist), können Sie Ihre Zahlung zurückverlangen. Ihr Rückforderungsanspruch verjährt in drei Jahren: Die Verjährungsfrist beginnt mit dem Schluss des Kalenderjahres zu laufen, in dem Sie von den Umständen Kenntnis erlangt haben, die Ihren Anspruch begründen.

Achtung: Seit dem 1.6.2015 gilt bei der Beauftragung eines Maklers das sogenannte Bestellerprinzip. Der Makler darf vom Mieter nur dann eine Provision verlangen, wenn dieser ihn ausdrücklich in Textform beauftragt hat. Sobald also ein Vermieter den Makler einschaltet, muss der Mieter keine Provision zahlen. Eine vom Bestellerprinzip abweichende Vereinbarung ist unwirksam. Der Vermieter kann also nicht wirksam mit dem Mieter vereinbaren, dass dieser die Courtage des vom Vermieter beauftragten Maklers zu zahlen hat.

1.2 Auf was Sie bei der Vereinbarung der Miete achten müssen

Als Gegenleistung dafür, dass Ihnen der Vermieter die Wohnung überlässt, müssen Sie die vereinbarte Miete zahlen. Ausnahmsweise müssen Sie keine oder nur eine geringere als die vereinbarte Miete zahlen, wenn

- die Wohnung mangelhaft ist (vgl. Kapitel 8) oder

- der Vermieter den Gebrauch der Mieträume Dritten überlassen hat und Sie deshalb die Räume nicht nutzen können (z. B. dann, wenn Sie die Wohnung vor Ende der Mietzeit an den Vermieter zurückgegeben haben und dieser die Wohnung weitervermietet hat).

Achtung: Allein der Umstand, dass Sie aus einem in Ihrer Person liegenden Grund (z. B. Krankheit, längere berufliche Abwesenheit) die Wohnung nicht nutzen, befreit Sie nicht von der Pflicht, die vereinbarte Miete zu zahlen. Der Vermieter muss sich in diesem Fall jedoch den Wert der ersparten Aufwendungen anrechnen lassen.

1.2.1 Brutto- oder Nettomiete

Wie sich die Miete zusammensetzt, hängt davon ab, was der Mietvertrag über die Betriebs- oder Nebenkosten regelt (vgl. auch Kapitel 1.2.1 ff.). Es kommen verschiedene Möglichkeiten in Betracht:

Eine sogenannte Brutto- oder Inklusivmiete (auch Pauschalmiete genannt) ist vereinbart, wenn der schriftliche Mietvertrag keine ausdrücklichen Regelungen zu den Betriebs- oder Nebenkosten enthält. In diesem Fall müssen Sie als Mieter keine Betriebskosten zahlen. Steigen die Betriebskosten (z. B. für Müllbeseitigung), kann der Vermieter diese Kostensteigerung nicht an die Mieter weitergeben. Ihm bleibt in diesem Fall nur die Möglichkeit, die Miete selbst zu erhöhen, wenn die gesetzlichen Voraussetzungen dafür vorliegen.

Von einer Bruttokaltmiete spricht man, wenn in der Miete zwar die Betriebskosten, nicht aber die Heizkosten enthalten sind. Bei der Bruttowarmmiete sind weder die Heiz- noch die Betriebskosten gesondert ausgewiesen, sondern in der Miete enthalten.

Ist im Mietvertrag vereinbart, dass neben der Miete alle Betriebs- oder Nebenkosten separat berechnet werden, so spricht man von der Nettomiete (auch Grundmiete genannt). In diesem Fall muss dann aus dem Mietvertrag eindeutig hervorgehen, dass und welche Betriebskosten in Rechnung gestellt werden. Sind z. B. im Mietvertrag nur einzelne konkrete Betriebskosten genannt (sogenannte Teilinklusivmiete), dann dürfen nur diese Kostenarten umgelegt werden. Alle anderen können nicht auf die Mieter abgewälzt werden.

Ist eine Nettokaltmiete vereinbart, müssen Sie als Mieter nicht nur die allgemeinen Mietnebenkosten, sondern auch die Heiz- und Warmwasserkosten zusätzlich zur Miete zahlen. Dies ist in der Praxis der häufigste Fall.

Achtung: Die im Mietvertrag festgelegte Zusammensetzung der Miete kann nicht einseitig vom Vermieter geändert werden. Der Vermieter kann also z. B. nicht einseitig von der Brutto- auf die Nettomiete umstellen. Die Vertragsänderung ist grundsätzlich nur im Einvernehmen mit dem Mieter möglich.

1.2.2 Höhe der Miete

Soweit es sich nicht um eine öffentlich geförderte Wohnung (Sozialwohnung) handelt, können Vermieter und Mieter bei Abschluss eines neuen Mietvertrags grundsätzlich die monatliche Miete frei vereinbaren. Es besteht keine Bindung an die vom vorigen Mieter oder im übrigen Haus gezahlte Miete. Insbesondere ist der Vermieter auch nicht an die ortsübliche Vergleichsmiete (vgl. dazu Kapitel 4.4) gebunden. Gleichwohl bestehen hinsichtlich der Miethöhe zwei wichtige Grenzen: das Verbot der Wuchermiete und das Verbot der Mietpreisüberhöhung.

Mietwucher

Mietwucher liegt vor, wenn der Vermieter die Zwangslage, die Unerfahrenheit, den Mangel an Urteilsvermögen oder die erhebliche Willensschwäche des Mieters dadurch ausbeutet, dass er sich von ihm für die Vermietung von Wohnräumen oder damit verbundenen Nebenräumen Vermögensvorteile versprechen oder gewähren lässt, die in einem auffälligen Missverhältnis zu der Leistung stehen. Ein solches auffälliges Missverhältnis liegt beim Überschreiten der ortsüblichen Vergleichsmiete um mehr als 50 % vor. Mietwucher, der in der Praxis eher den Ausnahmefall darstellt, kann mit einer Freiheitsstrafe oder mit Geldstrafe bestraft werden.

Für Sie als Mieter führt Mietwucher zu einer Anpassung der vereinbarten Miete auf die ortsübliche Vergleichsmiete. In der Vergangenheit überbezahlte Beträge können Sie zurückfordern.

Mietpreisüberhöhung

Das Wirtschaftsstrafgesetz untersagt es dem Vermieter, bei der Vermietung von Wohnraum eine unangemessen hohe Miete zu verlangen. Verboten ist es, eine Miete zu vereinbaren, die mehr als 20 % über der ortsüblichen Vergleichsmiete liegt, wenn die Vereinbarung darauf beruht, dass das geringe Angebot an vergleichbaren Wohnungen ausgenutzt wird. Die Mietpreisüberhöhung wird mit einer Geldbuße bis zu € 50 000,– geahndet, wenn sie den Wohnungsämtern angezeigt wird.

In Städten und Gemeinden, die über einen Mietspiegel verfügen, können Sie die ortsübliche Miete aus dem Mietspiegel entnehmen. Der entsprechende Wert des Mietspiegels zuzüglich eines Zuschlags von 20 % ergibt die Grenze, deren Überschreitung zu einer Mietpreisüberhöhung führt.

Ein geringes Angebot an Wohnraum bedeutet nicht, dass eine Unterversorgung des Wohnungsmarkts mit freien Wohnungen gegeben sein muss; es ist vielmehr ausreichend, dass das Angebot an zu mietenden Räumen die Nachfrage um nicht mehr als fünf Prozent übersteigt. Ein geringes Angebot liegt auch dann vor, wenn für eine bestimmte Gruppe (z. B. für Wohngemeinschaften) ein Engpass auf dem Wohnungsmarkt besteht.

Achtung: Die Miete kann auch dann unangemessen hoch sein, wenn sie nach einer Mieterhöhung wegen Modernisierung (vgl. Kapitel 6.8) die ortsübliche Miete um 20 % übersteigt. Eine an sich zulässige Mieterhöhung wegen Modernisierung kann deshalb auch insoweit unwirksam sein, als die ortsübliche Miete um mehr als 20 % überschritten wird.

Auch wenn eine Staffelmiete (vgl. Kapitel 1.2.3) vereinbart ist, gilt das Verbot der Mietpreisüberhöhung. Ist allerdings nur eine Preisstufe überhöht, sind die übrigen Preisstaffeln nicht automatisch unwirksam. Die Mietpreisüberhöhung muss also bei jeder einzelnen Staffel erneut überprüft werden.

 Wenn eine Mietpreisüberhöhung vorliegt, können Sie den Betrag zurückfordern, der um mehr als 20 % über der ortsüblichen Vergleichsmiete liegt. Der geschlossene Mietvertrag bleibt trotz Mietpreisüberhöhung bestehen; er kann weder vom Vermieter noch vom Mieter gekündigt werden.

=== **Bundesregierung plant Mietpreisbremse**

Die Bundesregierung plant Neuregelungen bei der Wiedervermietung von Bestandswohnungen. Mit einer solchen Mietpreisbremse sollen sehr hohe Mietpreissprünge in begehrten Wohnlagen verhindert werden, sodass sich in Zukunft auch der Normalverdiener Wohnraum in diesen Wohnlagen noch leisten kann.

Es ist vorgesehen, bei der Vermietung von Bestandswohnungen die zulässige Miete in Gebieten mit einem angespannten Wohnungsmarkt höchstens auf das Niveau der ortsüblichen Vergleichsmiete (vgl. dazu Kapitel 4.4) zuzüglich 10 % anzuheben. Die Länder sollen ermächtigt werden, für höchstens jeweils 5 Jahre die Gebiete mit angespanntem Wohnungsmarkt auszuweisen, in denen die Mietpreisbremse gelten soll. Die Mietpreisbremse soll nicht für die Erstvermietung von Neubauten und auch nicht nach einer umfassenden Sanierung gelten.

 Ob und gegebenenfalls wann eine gesetzliche Neuregelung kommt, ist noch nicht abzusehen. Über den Stand des Gesetzgebungsverfahrens können Sie sich im Internet auf der Seite des Bundesjustizministeriums informieren (www.bmjv.de).

1.2.3 Staffel- und Indexmiete

Nicht selten enthalten Mietverträge eine Vereinbarung, wonach sich die Grundmiete zu festgelegten Terminen automatisch um einen bestimmten Betrag erhöht (Staffelmiete) oder entsprechend der allgemeinen Preisentwicklung gesteigert oder reduziert wird (Indexmiete).

=== **Vereinbarung einer Staffelmiete**

Bereits bei Abschluss des Mietvertrags können Vermieter und Mieter vereinbaren, in welchem Umfang die Miete künftig steigen darf. Ein solcher Staffelmietvertrag ist ein ganz normaler Mietvertrag mit der

Besonderheit, dass die Miete innerhalb der im Vertrag festgelegten Zeiträume steigt. Und das ist sowohl bei befristeten Mietverträgen als auch bei solchen auf unbestimmte Zeit möglich.

 Beispiel: Eine Staffelmietvereinbarung kann z. B. so aussehen: Das Mietverhältnis beginnt am 1. 10. 2014. Die Miete beträgt monatlich 580 €. Sie erhöht sich

- ab 1. 10. 2015 auf € 605,–,
- ab 1. 10. 2016 auf € 630,–,
- ab 1. 10. 2017 auf € 655,–,
- ab 1. 10. 2018 auf € 680,–.

Die einzelnen Steigerungsbeträge müssen nicht gleich hoch sein. Durch die Staffelmietvereinbarung kann die Miete auch über die ortsübliche Vergleichsmiete (vgl. dazu Kapitel 4.4) ansteigen. Allerdings kann dann eine Mietpreisüberhöhung vorliegen (vgl. oben). Gerät eine Mietstaffel in den Bereich der Mietpreisüberhöhung, wird dadurch allerdings nicht die gesamte Staffelmietvereinbarung unwirksam. In diesem Fall bezieht sich die Unwirksamkeit nur auf den jeweils überhöhten Betrag.

Achtung: Hat sich der Vermieter bei der Festlegung der Mietstaffeln verkalkuliert, kann er während der Laufzeit der Staffelmietvereinbarung nicht auf die ortsübliche Vergleichsmiete (vgl. dazu Kapitel 6) erhöhen. Ebenso ist für ihn auch eine Mieterhöhung wegen Modernisierung (vgl. dazu Kapitel 4) während dieser Zeit ausgeschlossen, selbst wenn der Vermieter (z. B. wegen behördlicher Auflagen) modernisieren muss.

Bei einer wirksamen Staffelmietvereinbarung erhöht sich die Miete zum vereinbarten Zeitpunkt automatisch. Als Mieter müssen Sie also vom Vermieter nicht gesondert aufgefordert werden, die höhere Miete zu entrichten. Der Vermieter kann also ohne Weiteres die höhere Miete gerichtlich durchsetzen.

Ein Staffelmietvertrag ist nur wirksam, wenn die folgenden Voraussetzungen erfüllt sind:

- Der Mietvertrag muss schriftlich abgeschlossen sein und von allen Vertragspartnern unterschrieben sein. Eine mündliche Vereinbarung oder eine Vereinbarung in Textform genügt nicht.

- Es muss entweder die jeweils zu zahlende monatliche Miete genannt oder der jeweilige Erhöhungsbetrag in Euro angegeben werden. Unwirksam ist die Vereinbarung, dass die Miete jedes Jahr um einen bestimmten Prozentsatz steigt. Zahlt der Mieter in diesem Fall gleichwohl die erhöhte Miete, weil er von der Wirksamkeit der Vereinbarung ausgeht, kann er die Erhöhungsbeträge zurückfordern.

- Die Miete muss jeweils für einen Zeitraum von mindestens einem Jahr unverändert bleiben. Ein Staffelmietvertrag, der eine Mieterhöhung in kürzeren Zeitabschnitten vorsieht, ist unwirksam. Längere Zeitabschnitte sind dagegen möglich.

> **!** Eine Vereinbarung, die diesen Voraussetzungen nicht entspricht, ist insgesamt unwirksam. Zahlen Sie als Mieter trotz nichtiger Vereinbarung die vorgesehenen Erhöhungen, können Sie diese zurückfordern. Ihr Rückzahlungsanspruch verjährt in drei Jahren (vgl. dazu Kapitel 1.2.5).

Vermieter haben bei einer Staffelmietvereinbarung häufig ein Interesse daran, den Mieter langfristig zu binden. Deshalb wird versucht, das Kündigungsrecht des Mieters vertraglich auszuschließen. Ein solcher Kündigungsausschluss ist allerdings für höchstens vier Jahre zulässig. Danach muss der Mieter unter Einhaltung der Kündigungsfrist von drei Monaten kündigen können. Die Vier-Jahres-Frist beginnt mit dem Abschluss des Mietvertrags, nicht mit dem Einzug des Mieters. Die zeitliche Grenze von vier Jahren kann auch nicht durch eine Klausel umgangen werden, nach der sich das Mietverhältnis nach Ablauf von vier Jahren jeweils um ein Jahr verlängert; eine entsprechende Regelung im Mietvertrag ist unwirksam. Ein in einem Formularmietvertrag nach dem 31. 8. 2001 vereinbarter Kündigungsausschluss von mehr als vier Jahren ist unwirksam; als Mieter können Sie in diesem Fall jederzeit fristgemäß kündigen.

=== **Vereinbarung einer Indexmiete**

Anstelle der Staffelmiete können Vermieter und Mieter im Mietvertrag auch vereinbaren, dass die Miete sich an der Entwicklung der Lebenshaltungskosten orientiert. In diesem Fall muss schriftlich vereinbart werden, dass die Miete durch den vom Statistischen Bundesamt ermittelten Preisindex für die Lebenshaltung aller privaten Haushalte in Deutschland bestimmt wird. Bei Wohnraummietverträgen kann nur dieser Index vereinbart werden.

Achtung: Solange die Indexmiete gilt, sind nur zwei weitere Arten von Mieterhöhungen zulässig: solche wegen gestiegener Betriebskosten und Erhöhungen wegen Modernisierung (vgl. dazu Kapitel 6), soweit der Vermieter bauliche Maßnahmen aufgrund von Umständen durchgeführt hat, die er nicht zu vertreten hat (z. B. bauliche Maßnahmen aufgrund behördlicher Auflagen). Nicht zulässig ist insbesondere eine Mieterhöhung zur Anpassung an die ortsübliche Vergleichsmiete (vgl. dazu Kapitel 4).

Will der Vermieter die Miete wegen des im Mietvertrag vereinbarten Indexes erhöhen, ist Folgendes zu beachten:

- Die bisherige Miete muss mindestens ein Jahr unverändert bleiben, bevor eine neue Anpassung erfolgen darf.

- Der Vermieter muss die Änderung gegenüber dem Mieter in Textform erklären (z. B. per E-Mail oder Fax) und in seinem Erhöhungsverlangen den alten und den aktuellen Index angeben, die Differenz in Prozent umrechnen und die neue Miete und die Erhöhung in einem Geldbetrag nennen. Erfüllt die Mieterhöhungserklärung des Vermieters diese Voraussetzungen nicht und ist sie deshalb nicht nachvollziehbar, wird sie nicht wirksam. In diesem Fall können Sie entweder den Vermieter auf den Mangel hinweisen oder einfach weiterhin die alte Miete bezahlen.

- Die geänderte Miete ist von Beginn des auf die Erklärung folgenden übernächsten Monats an zu zahlen. Gibt z. B. der Mieter die wirksame Erklärung zur Mieterhöhung am 15. April ab, kann er die höhere Miete ab Juni verlangen. Nicht zulässig ist also eine rückwirkende Erhöhung.

Achtung: Als Mieter können Sie bei einer Senkung des Preisindexes vom Vermieter auch eine entsprechende Absenkung der Miete verlangen. Sie müssen dann genauso wie ein Vermieter vorgehen (vgl. oben). Ihr Recht auf Mietsenkung kann vertraglich nicht ausgeschlossen werden, eine entsprechende Klausel wäre unwirksam. Ebenso wenig kann wirksam vereinbart werden, dass die Miete nicht unter einen bestimmten Betrag absinken darf.

Achten Sie darauf, dass sich die Wirksamkeit von Indexklauseln in Mietverträgen, die vor dem 1. 9. 2001 abgeschlossen wurden, nach dem bis dahin geltenden Recht richtet. Danach war eine Mindestlaufzeit von zehn Jahren zwingende gesetzliche Voraussetzung. Andernfalls ist die Indexvereinbarung unwirksam.

1.2.4 Fälligkeit, Zahlungsort

Die wichtigste Pflicht des Mieters besteht darin, pünktlich die vereinbarte Miete zu zahlen. Die Miete ist zu Beginn, spätestens bis zum dritten Werktag eines Monats zu entrichten. Zahlungsort ist in der Regel das im Mietvertrag angegebene Konto des Vermieters.

Achtung: Nur wenn ausdrücklich vereinbart ist, dass es für die Rechtzeitigkeit der Mietzahlung auf den Zeitpunkt ankommt, zu dem das Geld dort eingeht, muss das Geld auch am dritten Werktag auf dem Konto des Vermieters gutgeschrieben sein. Andernfalls reicht es aus, dass Sie die Miete bis zum dritten Werktag lediglich auf den Weg schicken.

Die Mietzahlung kann auch durch Erteilung eines SEPA-Lastschriftmandats erfolgen. Ein solches Mandat kann der Vermieter aber nur verlangen, wenn dies im Mietvertrag ausdrücklich geregelt ist. Innerhalb einer Frist von acht Wochen ab dem Zeitpunkt der Belastungsbuchung können Sie von Ihrer Bank oder Sparkasse die Rückerstattung des belasteten Lastschriftbetrags verlangen. Bei unberechtigten (nicht autorisierten) Lastschriften gilt eine Rückerstattungsfrist von 13 Monaten am Tag der Belastung. Unwirksam ist eine Klausel im Mietvertrag, nach der Ihnen Ihr Recht auf Rückbelastung genommen wird.

Die Miete können Sie auch per Dauerauftrag überweisen. Sie können aber nicht durch einen Formularmietvertrag dazu gezwungen werden. Der Nachteil der Überweisung durch Dauerauftrag besteht darin, dass die Zahlungen nicht mehr rückgängig gemacht werden können und die Überweisung bereits einige Tage vor dem Abgangstermin nicht mehr verhindert oder verändert werden kann.

Wenn Sie die Miete nicht rechtzeitig zahlen, kommen Sie in Zahlungsverzug, ohne dass Sie zuvor der Vermieter gemahnt haben muss. In diesem Fall werden Verzugszinsen mindestens in Höhe des gesetzlichen Zinssatzes (5 % über dem Basiszinssatz) fällig, wenn der Vermieter nicht einen höheren Zinssatz nachweisen kann. In diesem Zusammenhang hat der Vermieter auch die Möglichkeit, auf Ihre Kosten einen Rechtsanwalt mit der Wahrnehmung seiner Interessen zu beauftragen.

 Wenn Sie sich nicht sicher sind, ob Sie eine bestimmte Zahlung schulden, sollten Sie vor der Zahlung dem Vermieter schriftlich mitteilen, dass diese unter Vorbehalt erfolgt (»die Zahlung ...... erfolgt unter dem Vorbehalt der Rückforderung«). Damit wahren Sie Ihre rechtlichen Interessen auf eine etwaige Rückzahlung und geraten nicht in Zahlungsverzug.

1.2.5 Verjährung der Miete

Sind über Jahre hinweg Mietrückstände aufgelaufen, stellt sich die Frage nach der Verjährung dieser rückständigen Mietforderungen des Vermieters. Verjährung bedeutet, dass Sie als Mieter berechtigt sind, die Zahlung der verjährten Miete zu verweigern. Der Vermieter kann die rückständige Miete nicht mehr gerichtlich durchsetzen, wenn die Verjährungsfrist abgelaufen ist.

Achtung: Auch eine verjährte Mietforderung besteht weiter. Wenn Sie also eine verjährte Miete zahlen, können Sie diese nicht mehr zurückverlangen.

Die vom Mieter geschuldeten Mietzahlungen verjähren nach drei Jahren. Die Verjährungsfrist beginnt am Ende des Jahres zu laufen, in dem die jeweilige Zahlung fällig und dem Vermieter bekannt wurde oder bekannt hätte sein müssen, dass sein Anspruch bestand.

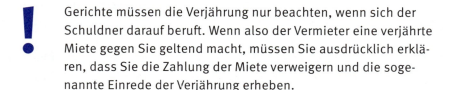

Beispiel: Für Mietrückstände aus März oder April 2014 beginnt die Verjährung am 31. 12. 2014; verjährt sind die Ansprüche dann nach drei Jahren, also am 31. 12. 2017. Ende 2015 verjähren die 2012 entstandenen Mietrückstände.

Gerichte müssen die Verjährung nur beachten, wenn sich der Schuldner darauf beruft. Wenn also der Vermieter eine verjährte Miete gegen Sie geltend macht, müssen Sie ausdrücklich erklären, dass Sie die Zahlung der Miete verweigern und die sogenannte Einrede der Verjährung erheben.

1.2.6 Wie Sie durch Untervermietung Miete sparen können

Besondere Umstände (z. B. finanzielle Probleme wegen Arbeitslosigkeit oder Auszug des Partners) können dazu führen, dass Sie sich

Ihre Wohnung nicht mehr leisten können. Wenn Sie nicht ausziehen möchten, können Sie die Miete mit einem Untermieter teilen. Aber Vorsicht: Der Vermieter hat dabei ein Wörtchen mitzureden.

Erlaubnis des Vermieters ist notwendig

Wenn Sie Ihre Wohnung oder einen Teil Ihrer Wohnung an eine andere Person überlassen wollen, brauchen Sie die Erlaubnis Ihres Vermieters. Einen gesetzlichen Anspruch auf Zustimmung haben Sie, wenn folgende Voraussetzungen erfüllt sind:

- Sie wollen nur einen Teil der Wohnung untervermieten, also eines von mehreren Zimmern oder die ganze Wohnung mit einer anderen Person teilen.

- Sie haben ein berechtigtes Interesse an der Untervermietung.

- Die Untervermietung muss für den Vermieter zumutbar sein.

Sie haben ein berechtigtes Interesse an der Untervermietung, wenn Sie vernünftige und nachvollziehbare wirtschaftliche und / oder persönliche Gründe anführen können. Ihr berechtigtes Interesse darf aber erst nach Abschluss des Mietvertrags entstanden sein.

 Beispiel: Ein berechtigtes Interesse an der Untervermietung liegt vor, wenn sich Ihr Einkommen spürbar verschlechtert hat (z. B. wegen Arbeitslosigkeit), Sie Ihren Lebenspartner in die Wohnung aufnehmen wollen, Ihr Ehepartner oder ein Familienmitglied aus der Wohnung ausgezogen ist oder Sie sich vorübergehend studien- oder arbeitsbedingt im Ausland aufhalten, nur noch einen Teil Ihrer Wohnung nutzen und den anderen Teil einem Untermieter überlassen wollen.

Nur wenn die Untervermietung für den Vermieter zumutbar ist, muss er Ihnen die Erlaubnis erteilen. Grundsätzlich kann der Vermieter nur in zwei Fällen mit der Begründung der Unzumutbarkeit seine Erlaubnis verweigern: Unzumutbar ist die Untervermietung für den Vermieter dann, wenn die Wohnung überbelegt ist oder wenn für ihn der konkrete Untermieter nicht zumutbar ist (z. B. weil die betreffende Person den Hausfrieden stören wird).

 Familienangehörige dürfen Sie ohne Erlaubnis Ihres Vermieters in die Wohnung aufnehmen, wenn sie zum engsten Familienkreis gehören. Dazu gehören der Ehegatte oder eingetragene Lebenspartner, Ihre Kinder und Eltern (nicht Ihre Geschwister).

Einholung der Erlaubnis

Beantragen Sie die Erlaubnis zur Untervermietung schriftlich und setzen Sie Ihrem Vermieter eine Frist. Anspruch auf Untermieterlaubnis haben Sie immer nur für eine bestimmte Person. Benennen Sie deshalb dem Vermieter die betreffende Person konkret (Name, Geburtsdatum, Beruf). Nennen Sie auch die Gründe, warum Sie untervermieten wollen, damit der Vermieter Ihr berechtigtes Interesse an der Untervermietung beurteilen kann.

Lassen Sie sich die Erlaubnis zur Untervermietung schriftlich erteilen. Beachten Sie, dass die Erlaubnis immer nur für eine bestimmte Person erteilt wird. Für jede neue Untervermietung müssen Sie wieder die Erlaubnis Ihres Vermieters einholen, es sei denn, der Vermieter hat in der Vergangenheit eine generelle, personenunabhängige Untermieterlaubnis erteilt.

Vermieter verlangt einen Untermietzuschlag

Einen Untermietzuschlag darf der Vermieter bei frei finanzierten Wohnungen nur verlangen, wenn ihm die Erteilung der Erlaubnis sonst nicht zuzumuten wäre. In Betracht kommen nur die Fälle, dass der Vermieter die Betriebskosten nicht auf die Mieter umlegt und durch den Mehrverbrauch z. B. für Wasser finanziell stärker belastet wird oder dass die Wohnung stärker abgenutzt wird.

Achtung: Im preisgebundenen sozialen Wohnungsbau (Sozialwohnungen) ist der Untermietzuschlag gesetzlich auf € 2,50 im Monat für eine Person und auf € 5,– monatlich für zwei oder mehr Personen festgelegt.

1.3 Was Sie über die Mietkaution wissen müssen

In der Regel wird sich der Vermieter für den Fall absichern wollen, dass der Mieter seine vertraglichen Verpflichtungen nicht erfüllt. Deshalb wird er im Regelfall von Ihnen die Zahlung einer Mietkaution verlangen. Das ist eine Sicherheitsleistung des Mieters für künftige Ansprüche des Vermieters aus dem Mietverhältnis und dessen Abwicklung.

1.3.1 Keine Kaution ohne Vereinbarung

Als Mieter sind Sie nicht kraft Gesetzes verpflichtet, eine Kaution zu leisten. Wenn Ihr Vermieter also eine Mietkaution erhalten will, muss er dies ausdrücklich mit Ihnen vereinbaren. Die Vereinbarung wird regelmäßig bei Beginn des Mietverhältnisses im Mietvertrag getroffen.

Achtung: Eine Kautionsvereinbarung kann auch noch nach Abschluss des Mietvertrags erfolgen. Der Vermieter kann Sie aber nicht zwingen, nachträglich eine Kaution zu stellen. Sie können also eine entsprechende Forderung des Vermieters ablehnen.

1.3.2 Art der Sicherheitsleistung

Wenn über die Art und Weise, wie die Mietsicherheit vom Mieter zu erbringen ist, im Mietvertrag nichts geregelt ist, kann der Mieter wählen. Als Formen der Mietkaution kommen insbesondere in Betracht:

- die Barkaution,

- die Übergabe eines Mietersparbuchs und

- die Bürgschaft.

Die gebräuchlichste Art der Kautionsstellung ist die Barkaution. In diesem Fall übergeben oder überweisen Sie dem Vermieter den Kautionsbetrag. Der Vermieter muss dann das Geld von seinem Vermögen getrennt bei einem Kreditinstitut zu dem für Spareinlagen mit dreimonatiger Kündigungsfrist üblichen Zinssatz anlegen. Er muss den Kautionsbetrag also auf einem treuhänderischen Ander- oder Sonderkonto anlegen.

 Sie haben Anspruch auf den Nachweis, wo Ihr Geld sich befindet. Fordern Sie den Vermieter auf, den Nachweis zu führen, bei welcher Bank unter welcher Kontonummer und -bezeichnung die Kaution angelegt ist. Verweigert der Vermieter die Auskunft, dürfen Sie die Miete bis zur Höhe der gezahlten Kaution zurückbehalten.

Sie können das Geld auch auf einem auf Ihren Namen lautenden Sparbuch entweder mit einem Sperrvermerk oder einem Pfändungsvermerk zugunsten des Vermieters anlegen. Beim Mietersparbuch mit Sperrvermerk darf keine der Parteien ohne Mitwirkung des anderen über das Guthaben verfügen. Gegebenenfalls muss auf Zustimmung geklagt werden. Beim Mietersparbuch mit Pfändungsvermerk richten Sie ein gesondertes Sparkonto ein, auf das Sie den Kautionsbetrag einzahlen und das Sie an den Vermieter verpfänden.

Das verpfändete Sparkonto hat für Sie den Vorteil, dass Sie bei der Bank einen Freistellungsauftrag erteilen können und für die anfallenden Zinsen keine (oder weniger) Kapitalertragsteuer zahlen müssen.

Als Mietsicherheit kann auch eine Bürgschaft vereinbart werden. Als Bürgen kommen üblicherweise Banken, Verwandte oder Arbeitgeber in Betracht. Die Bürgschaftserklärung muss schriftlich abgegeben werden.

1.3.3 Höhe der Kaution

Der Vermieter darf eine Kaution in Höhe von höchstens drei Monatsmieten verlangen. Unter der Monatsmiete ist die Nettokaltmiete zu verstehen. Die als Pauschale oder als Vorauszahlung ausgewiesenen Betriebskosten zählen also nicht mit. Der Betrag von drei Monatsmieten darf nicht überschritten werden. Andernfalls bleibt die Vereinbarung nur in Höhe von drei Monatsmieten wirksam; den überbezahlten Betrag können Sie zurückfordern.

Achtung: Die Zinserträge aus dem Kautionskonto stehen Ihnen als Mieter zu. Sie erhöhen die Mietsicherheit des Vermieters. Deshalb können Sie keine jährliche Auszahlung der Zinsen verlangen. Sie können also über die Zinsen erst nach der Beendigung des Mietverhältnisses verfügen.

1.3.4 Fälligkeit der Barkaution

Sie sind berechtigt, die Kaution in drei gleichen Monatsraten zu zahlen. Die erste Rate ist erst zu Beginn des Mietverhältnisses fällig. Unwirksam ist eine Vereinbarung im Mietvertrag, nach der die Kaution nicht in Raten gezahlt werden darf. Als Mieter sind Sie auch berechtigt, die Zahlung der übrigen zwei Raten zurückzubehalten, wenn der Vermieter nicht nachweist, dass er die erste Rate ordnungsgemäß angelegt hat.

1.3.5 Welche Forderungen des Vermieters durch die Kaution gesichert sind

Soweit im Mietvertrag nichts anderes geregelt ist, sichert die Mietkaution alle Forderungen des Vermieters gegen den Mieter aus dem Mietverhältnis und seiner Beendigung, insbesondere

- Mietrückstände,

- Betriebskostenvorschüsse und -nachzahlungen,

- Schadensersatzansprüche wegen Beschädigung der Mietsache oder wegen sonstiger Vertragsverletzungen,

- Ansprüche auf Durchführung von Schönheitsreparaturen und Schadensersatzansprüche wegen Unterlassung solcher Arbeiten,

- Nutzungsentschädigung wegen verspäteter Räumung.

Achtung: Bei einer preisgebundenen Wohnung (Sozialwohnung) sind durch die Mietkaution nur Ansprüche des Vermieters aus Schäden an der Wohnung oder wegen unterlassener Schönheitsreparaturen gesichert. Wird im Mietvertrag etwas anderes vereinbart, ist die gesamte Kautionsvereinbarung unwirksam.

1.3.6 Wenn der Vermieter während des Mietverhältnisses auf die Kaution zurückgreifen möchte

Ob der Vermieter die Kaution während des Mietverhältnisses in Anspruch nehmen kann, beurteilt sich nach der bestehenden Vereinbarung.

- Wurde im Mietvertrag eine Beschränkung vereinbart, nach der der Vermieter während des bestehenden Mietverhältnisses nicht auf die Kaution zurückgreifen darf, kann er sich vor Beendigung des Mietverhältnisses nicht aus der Kaution bedienen. Der Vermieter muss seine Ansprüche dann auf anderem Weg geltend machen und gegebenenfalls klagen.

- Ist im Mietvertrag keine Beschränkung vereinbart, kann sich der Vermieter bei rechtskräftig festgestellten oder unstreitigen Forderungen aus der Kaution bedienen. In diesem Fall müssen Sie als Mieter auf Verlangen des Vermieters die Kaution wieder auffüllen, und zwar bis zu der Höhe, die vor der Entnahme durch den Vermieter bestand. Bis dahin aufgelaufene Zinsen müssen ebenfalls wieder ausgeglichen werden.

Achtung: Haben Sie als Mieter die vom Vermieter geltend gemachte Forderung ausdrücklich bestritten (z. B. eine Ihrer Meinung nach ungerechtfertigte Betriebskostennachforderung), ist die Verwertung der Kaution vor Beendigung des Mietverhältnisses grundsätzlich nicht zulässig. In diesem Fall können Sie dann vom Vermieter die Wiederauffüllung der Kaution verlangen.

1.4 Warum die Wohnungsübergabe in Ihrem Interesse sorgfältig protokolliert werden sollte

Das hört sich zwar einigermaßen unverständlich an, aber denken Sie beim Einzug in Ihre neue Wohnung am besten gleich an den Auszug. Warum? Weil Sie beim Auszug die Wohnung in einem ordnungsgemäßen Zustand an den Vermieter zurückgeben müssen. Und in diesem Zusammenhang wird häufig über Art und Umfang von notwendigen Reparaturen und Renovierungen gestritten. Denn letztlich geht es darum, wer einen eventuellen Schaden verursacht hat und deshalb für dessen Beseitigung verantwortlich ist. Schließlich geht es um Beweisfragen: War der Schaden beim Einzug des Mieters bereits vorhanden oder nicht?

Solche Streitigkeiten und vor allem unnötige Kosten für den Mieter lassen sich vermeiden, wenn zu Beginn des Mietverhältnisses ein Wohnungsübergabeprotokoll erstellt wird, das gegebenenfalls als Beweis, in wessen Verantwortungsbereich der Schaden fällt, herangezogen werden kann.

 Ein weiterer Grund, beim Einzug ein Übergabeprotokoll anzufertigen, ist der, dass Sie als Mieter Gewährleistungsrechte wegen eines Wohnungsmangels nicht geltend machen können, wenn Sie den Mangel bei Übergabe der Mieträume kannten. Das Übergabeprotokoll hilft also bei der Feststellung, ob ein Mangel erst während der Mietzeit entstanden ist oder bereits bei der Übergabe der Wohnung vorhanden war.

Insgesamt sprechen also viele Gründe dafür, dass Sie als Mieter beim Einzug in die neue Wohnung auf die Anfertigung eines Übergabeprotokolls unbedingt bestehen sollten.

Achten Sie darauf, dass im Übergabeprotokoll der Zustand der Wohnung und der Wohnungseinrichtung (z. B. Herd, Badewanne) genau festgehalten werden. Nehmen Sie sich für die Wohnungsübergabe ausreichend Zeit; es lohnt sich, vor allem in finanzieller Hinsicht. Schauen Sie sich jeden Winkel der Wohnung genau an. Besichtigen Sie die Wohnung bei Tageslicht. Suchen Sie nach etwaigen Mängeln, prüfen Sie, ob sich Türen und Fenster schließen und öffnen lassen, und betätigen Sie die WC-Spülung, die Wasserhähne und andere Installationseinrichtungen. Prüfen Sie alle mitvermieteten elektrischen Geräte auf Ihre Funktionsfähigkeit. Erscheinen Sie zum Übergabetermin am besten in Begleitung eines Zeugen, der bei etwaigen Streitigkeiten gegebenenfalls die getroffenen Vereinbarungen bezeugen kann.

Achtung: Wenn Sie eine Wohnung anmieten, deren Mängel Sie kennen oder leicht hätten erkennen können, laufen Sie Gefahr, dass Sie Ihre Gewährleistungsrechte verlieren (vgl. auch Kapitel 8). Wenn Sie bei der Übergabe einen Mangel feststellen, müssen Sie deshalb mit dem Vermieter vereinbaren, dass dieser den Mangel bis zu einem bestimmten Zeitpunkt zu beseitigen hat und dass § 536 b BGB (Kenntnis des Mieters vom Mangel bei Vertragsschluss) nicht gelten soll. Und in jedem Fall sollten Sie sich Ihre Gewährleistungsrechte erhalten, indem Sie sich diese ausdrücklich vorbehalten (»Wegen der im Übergabeprotokoll aufgeführten Schäden behält sich der Mieter vor, alle ihm gesetzlich zustehenden Gewährleistungsrechte geltend zu machen«).

Achten Sie darauf, dass Sie im Übergabeprotokoll die wesentlichen Punkte schriftlich vermerken. Dazu gehören

- das Datum der Übergabe der Wohnung,

- die konkrete Benennung festgestellter Mängel,

- die konkrete Benennung übernommener Einbauten und Einrichtungen,

- die Zählerstände für Strom, Gas und Wasser,

- Angaben zu den ausgehändigten Schlüsseln.

Das vom Vermieter und Mieter erstellte Übergabeprotokoll sollte unbedingt von beiden Seiten unterschrieben werden.

 Ein Muster eines Übergabeprotokolls finden Sie auf der Homepage des Deutschen Mieterbunds unter www.mieterbund.de (vgl. auch Anhang 2).

1.5 Warum Sie auf die Angabe der Wohnfläche im Mietvertrag achten müssen

Achten Sie darauf, dass im Mietvertrag die richtige Wohnfläche angegeben ist. Häufig ist nämlich die tatsächliche Wohnfläche geringer als die im Mietvertrag angegebene. Das bedeutet zwangsläufig, dass Sie zu viel Miete zahlen. Und natürlich hat die falsche Wohnfläche auch Auswirkungen auf die Betriebskostenabrechnung (vgl. dazu Kapitel 2) und Mieterhöhungen (vgl. dazu Kapitel 4).

1.5.1 Wie die Wohnfläche richtig berechnet wird

Gesetzliche Regelungen für die Wohnflächenberechnung gibt es nur für Sozialwohnungen. Die geltende Wohnflächenverordnung ist für frei finanzierte Wohnungen zwar nicht direkt anwendbar, gleichwohl können ihre Regelungen als Maßstab herangezogen werden. In erster Linie ist jedoch maßgebend, ob der Mietvertrag die Flächenberechnung regelt (dort kann z. B. vereinbart sein, dass die Flächen unter Dachschrägen ohne Abzug voll zu berücksichtigen sind). Fehlen solche Regelungen, so kann auf die Wohnflächenverordnung zurückgegriffen werden.

Zur Wohnfläche einer Wohnung gehören die Grundflächen der Räume, die ausschließlich zu dieser Wohnung gehören, auch Wintergärten, Schwimmbäder, Balkone, Loggien, Dachgärten und Terrassen.

Achtung: Nicht zur Wohnfläche gehören Zubehörräume wie Kellerräume, Abstellräume und Kellerzusatzräume außerhalb der Wohnung, Waschküchen, Bodenräume, Trockenräume, Heizungsräume und Garagen, Räume, die nicht den an ihre Nutzung zu stellenden Anforderungen des Bauordnungsrechts der Länder genügen, sowie Gemeinschaftsräume.

Die Grundfläche ist nach den lichten Maßen zwischen den Bauteilen zu ermitteln, wobei z. B. die Grundflächen von Einbaumöbeln, Fuß-, Sockel- und Schrammleisten und nicht ortsgebundenen, versetzbaren Raumteilern einzubeziehen sind. Außer Betracht bleiben die Grundflächen von Schornsteinen, Vormauerungen, frei stehenden Pfeilern und Säulen, wenn sie eine Höhe von mehr als 1,50 m aufweisen und ihre Grundfläche mehr als 0,1 m² beträgt, von Treppen mit über drei Steigungen und deren Treppenabsätze und Türnischen, ferner Fenster- und offene Wandnischen, die nicht bis zum Fußboden herunterreichen oder bis zum Fußboden herunterreichen und 0,13 m oder weniger tief sind.

Bei Dachschrägen und besonders niedrigen Decken gilt Folgendes:

- Raumteile mit einer Decken-/Schrägenhöhe unter 1 m zählen überhaupt nicht.

- Flächen unter einer Decken-/Schrägenhöhe von 1 m bis zu 2 m zählen zur Hälfte.

- Erst ab einer Decken-/Schrägenhöhe ab 2 m wird die Grundfläche voll angerechnet.

Diese Regeln gelten auch für Raumteile unter Treppen.

1.5.2 Welche Rechte Sie bei einer falschen Wohnflächenberechnung haben

Wenn die Mietwohnung um mehr als zehn Prozent kleiner als die im Mietvertrag genannte Fläche ist, liegt ein Wohnungsmangel vor, der Sie zur Minderung der Miete berechtigt. Hat der Vermieter in seiner Mieterhöhung eine mehr als zehn Prozent zu hohe Wohnfläche angegeben, müssen Sie nur einer Mieterhöhung auf der Grundlage der tatsächlichen Fläche zustimmen. Bei einer Betriebskostenabrechnung darf der Vermieter nur die vereinbarte Wohnfläche zugrunde legen, wenn diese von der tatsächlichen Wohnfläche um nicht mehr als zehn Prozent abweicht.

1.6 Welche und wie viele Wohnungsschlüssel Ihnen ausgehändigt werden müssen

Ihr Vermieter muss Ihnen die Wohnungsschlüssel aushändigen. Erst dann hat er seiner gesetzlichen Verpflichtung entsprochen, Ihnen den Gebrauch der Wohnung zu gewähren. Die Kosten für die Schlüssel hat der Vermieter zu tragen. Er muss Ihnen die Schlüssel für die Haus- und Wohnungstür, für Nebenräume (z. B. Keller, Garage) und für den Briefkasten übergeben.

Wie viele Schlüssel Ihnen der Vermieter beim Einzug geben muss, hängt grundsätzlich von der Anzahl der Bewohner ab. Ein alleinstehender Mieter kann zwei Schlüssel verlangen. Anspruch auf einen eigenen Schlüssel haben auch die Personen, die mit dem Mieter zusammenwohnen, selbst wenn sie nicht Mieter sind (z. B. Lebenspartner, Großeltern, größere Kinder). Auch für eine Reinigungskraft oder eine Tagesmutter können Sie vom Vermieter weitere Schlüssel verlangen.

Achtung: Wenn Sie als Mieter weitere Schlüssel benötigen, können Sie diese auch selbst anfertigen lassen. Sie müssen dann den Vermieter entsprechend informieren. Den Schlüssel für eine Zentralschließanlage können Sie nur mit Einwilligung des Vermieters nachmachen lassen. Die Herausgabe der notwendigen Berechtigungskarte können Sie vom Vermieter verlangen und gegebenenfalls gerichtlich durchsetzen.

Der Vermieter selbst darf keinen Wohnungsschlüssel behalten, es sei denn, dass Sie ihm das erlauben. Stellen Sie fest, dass der Vermieter noch einen Schlüssel hat, und diesen nicht herausgibt, dürfen Sie das Wohnungstürschloss auf seine Kosten auswechseln lassen.

Als Mieter sind Sie verpflichtet, Haus- und Wohnungsschlüssel sorgfältig aufzubewahren. Andernfalls sind Sie dem Vermieter bei Verlust des Schlüssels zum Schadensersatz verpflichtet. Den Verlust

Ihres Wohnungsschlüssels müssen Sie dem Vermieter unverzüglich anzeigen. Dieser kann dann die Schlösser austauschen und Ihnen die Kosten in Rechnung stellen. Sie müssen aber nur dann zahlen, wenn Sie den Verlust verschuldet haben. Das ist z. B. der Fall, wenn Ihnen der Schlüssel aus dem Auto gestohlen wurde. Kein Verschulden liegt vor, wenn Ihnen Ihre Tasche mit dem Schlüssel in einem Geschäft trotz ausreichender Bewachung gestohlen wird. Eine Klausel im Formularmietvertrag, die den Vermieter berechtigt, unabhängig vom Verschulden des Mieters auf dessen Kosten ein neues Schloss anzubringen, ist unwirksam. Als Mieter können Sie bei Verlust Ihres Schlüssels den Austausch des Schlosses auch dann verweigern, wenn ein Missbrauch des Schlüssels ausgeschlossen ist (z. B. wenn der Finder den Schlüssel nicht zuordnen kann).

1.7 Welche Versicherungen sinnvoll sind

Selbst für Versicherungsmuffel: Eine Privathaftpflichtversicherung sollten Sie als Mieter unbedingt haben. Schließlich haften Sie für alle durch Sie verursachten Schadensfälle in voller Höhe, sofern diese Schäden über eine »normale« Abnutzung hinausgehen. Daneben ist in den meisten Fällen eine Hausratversicherung sinnvoll. Denn damit schützen Sie Ihr Hab und Gut. Geschmackssache ist, ob Sie eine Glasversicherung abschließen.

1.7.1 Sehr nützlich: Hausratversicherung

Die Hausratversicherung ist eine wichtige Police für den Schutz von Hab und Gut. Überschlagen Sie einfach einmal den gesamten Neuwert Ihrer Wohnungseinrichtung. Da kommt sicher einiges zusammen. Größere Schäden können Sie in arge finanzielle Schwierigkeiten bringen oder sogar unter Umständen Ihre Existenz bedrohen. Wenn Ihr Hausrat über € 25 000,– wert ist, sollten Sie über eine Hausratpolice nachdenken.

Mit einer Hausratversicherung sind Sie vor Gefahren geschützt, die Schäden an Ihrem Hausrat verursachen. Versichert sind insbesondere Einrichtungsgegenstände (z. B. Möbel), Gebrauchsgegenstände (z. B. Fernseher, Geschirr, Wäsche) und Verbrauchsgegenstände (z. B. Lebensmittel). Die Hausratversicherung leistet Entschädigung für die versicherten Sachen, die durch Brand, Blitzschlag, Explosion, Absturz von Flugzeugen, Einbruchdiebstahl, Vandalismus nach einem Einbruch sowie Raub oder den Versuch einer solchen Tat, Leitungswasser, Sturm oder Hagel zerstört oder beschädigt werden oder deshalb abhandenkommen.

Achtung: Von der Hausratversicherung wird jedoch nicht für alle Schäden Entschädigung geleistet. Durch die Versicherungsbedingungen ausgeschlossen sind u. a. Schäden an elektrischen Geräten durch Kurzschluss oder Überspannung, die nicht durch Brand oder Explosion verursacht wurden, Schäden am Mobiliar durch Haushaltsangehörige, Schäden durch einfachen Diebstahl, Schäden durch Niederschläge oder Rückstau in der Kanalisation. Durch Deckungserweiterungen können Sie allerdings den Versicherungsschutz erweitern und sich z. B. gegen die Folgen von Elementarschäden wie Überschwemmungen absichern.

Neben den durch die versicherten Gefahren entstandenen Schäden am Hausrat selbst werden auch die Kosten für die Instandsetzung übernommen. Damit sind z. B. Aufräum-, Reparatur-, Transport-, Lager- und Bewachungskosten gemeint. Auch wenn Sie vorübergehend in einem Hotel wohnen müssen, werden die Kosten für mehrere Wochen von der Versicherung ersetzt.

Achten Sie bei der Hausratversicherung auf eine ausreichende Versicherungssumme für den Hausrat. Sie ist die Grundlage für die Entschädigung im Schadensfall und sollte immer dem tatsächlichen Versicherungswert entsprechen. Dies ist der aktuelle Neuwert, das heißt der Wiederbeschaffungswert von Sachen gleicher Art und

Güte in neuwertigem Zustand. Es reicht aber nicht, diesen Betrag einmal festzulegen, da es durch inflationsbedingte Preissteigerungen zur stetigen Erhöhung des Versicherungswertes kommt, während die Versicherungssumme gleich bleibt. In diesem Fall entsteht dann eine Unterversicherung, die die Versicherung berechtigt, im Schadensfall die Leistungen zu kürzen.

Um diese Situation zu vermeiden, wird üblicherweise vereinbart, dass die Versicherung auf den Einwand der Unterversicherung verzichtet, wenn eine Mindestversicherungssumme zugrunde gelegt wird. Die Versicherungssumme wird dann pauschal berechnet, indem die Anzahl der Quadratmeter Wohnfläche mit einem pauschalen Betrag (bei den meisten Versicherungen sind das € 650,–) multipliziert wird. Eine Wohnung mit 60 m² Wohnfläche würde danach ohne individuelle Wertermittlung mit einer Versicherungssumme von € 39 000,– versichert werden. Zwar kann im Einzelfall der Hausrat weniger Wert sein, als das, was letztendlich über die pauschale Versicherungssumme abgesichert ist; jedoch empfiehlt sich diese Vorgehensweise mit Blick darauf, dass in diesem Fall die Gefahr der Unterversicherung nicht besteht.

1.7.2 Ein Muss: Privathaftpflichtversicherung

Die Privathaftpflichtversicherung ist ein unbedingtes »Muss«, weil sie als Basisversicherung die allgemeinen Risiken des Alltags abdeckt. Gesetzlich sind Sie nämlich verpflichtet, den Schaden zu ersetzen, den Sie schuldhaft einem anderen zufügen. Und diese Verpflichtung gilt in ihrer Höhe unbegrenzt. Sie haften mit Ihrem gesamten Vermögen und Einkommen bis zur Pfändungsfreigrenze. Und ganz schlimm kommt es, wenn Sie für Schäden einstehen müssen, die Sie nicht einmal verschuldet haben.

Die Privathaftpflichtversicherung schützt Sie, wenn Sie einem Dritten einen Schaden zufügen und dieser Sie haftbar macht und Schadensersatz fordert. Neben den allgemeinen Risiken des täglichen

Lebens erstreckt sich der Versicherungsschutz auch auf Schäden, die sich aus der Verletzung von Pflichten aus dem Mietvertrag ergeben (z. B. Unterlassen der Streupflicht bei Glätte) oder Schäden an unbeweglichen Sachen in der Mietwohnung (z. B. feuchte Wände nach einer Überschwemmung). Wie Sie sehen, ist die Privathaftpflichtversicherung für Mieter unabdingbar.

 Die Privathaftpflichtversicherung leistet nur bis zur vereinbarten Deckungssumme Entschädigung. Für den darüber hinaus entstehenden Personen- oder Sachschaden müssen dann Sie einstehen. Achten Sie deshalb auf eine ausreichende Deckungssumme. Diese sollte mindestens drei Millionen Euro betragen. Sinnvoll ist eine Police mit unbegrenzter Deckung, weil der Beitragsunterschied nicht groß ist. Zwar sind in den angebotenen Haftpflichtversicherungen Mietschäden eingebunden, achten Sie aber unbedingt darauf, dass die vereinbarte Deckungssumme im Ernstfall ausreichend hoch ist. So gelten z. B. vereinbarte Deckungssummen für Personen- und Sachschäden nicht immer automatisch für Mietschäden, sondern enthalten dafür häufig eine niedrigere Obergrenze. Mietschäden sollten mindestens mit 300 000,– € abgedeckt sein.

Der Versicherungsschutz bei der Privathaftpflichtversicherung beinhaltet auch einen Rechtsschutz dahin gehend, dass unberechtigte Ansprüche Dritter abgewehrt werden. Wenn Sie für einen Schadensfall also nicht einstehen müssen, übernimmt es die Versicherung, den geltend gemachten Schadensersatz abzuwehren, gegebenenfalls auch vor Gericht.

1.7.3 Geschmackssache: Glasversicherung

Von den Versicherungen gern verkauft wird die Glasversicherung. Sie ist grundsätzlich aber nur dann sinnvoll, wenn Sie hochwertige und teure Verglasungen, wertvolle Glasvitrinen, Kristallspiegel oder große Fensterflächen haben. Andernfalls ist es meist günstiger, Glasschäden selbst zu regulieren, denn die zu zahlenden Versicherungsbeiträge entsprechen nur selten den tatsächlichen finanziellen Risiken. Außerdem treten Schäden an Glasgegenständen nicht allzu häufig auf und sind meist auch ohne entsprechenden Versicherungsschutz finanziell verkraftbar.

Wer trotzdem Interesse an der angebotenen Glasversicherung hat, sollte vorab den Versicherungsumfang genau prüfen, denn nicht alles ist auch versichert. Neben Einschränkungen hinsichtlich der zu versichernden Gegenstände gibt es solche auch bei den versicherten Gefahren bzw. Höchstentschädigungsgrenzen. Verursacht zum Beispiel ein Dritter einen Schaden an Glasgegenständen, haftet nicht die Glasversicherung, sondern der Schädiger selbst bzw. dessen Privathaftpflichtversicherung. Auch im Rahmen bestehender Hausrat- und Wohngebäudeversicherungen gibt es für darin aufgezählte Gefahren Versicherungsschutz. Darunter fallen dann ebenfalls beschädigte Glasgegenstände.

1.8 Wann und in welcher Höhe Sie Umzugskosten steuerlich absetzen können

Von Bedeutung ist, ob der Umzug beruflich oder privat veranlasst ist.

1.8.1 Beruflich veranlasster Umzug

Ist Ihr Umzug beruflich veranlasst, können Sie die entsprechenden Aufwendungen in Ihrer Steuererklärung als Werbungskosten absetzen. Beruflich veranlasst ist ein Umzug dann, wenn das Arbeitsverhältnis für den Umzug maßgebend ist. Das ist insbesondere dann der Fall, wenn der Arbeitnehmer eine andere Arbeitsstelle erstmalig antritt, der Arbeitgeber seinen Sitz wechselt oder der Arbeitnehmer vom Arbeitgeber versetzt wird. Ein Umzug kann aber auch ohne Arbeitsplatzwechsel beruflich veranlasst sein, wenn aufgrund des Umzugs die Entfernung zwischen Wohnung und Arbeitsstätte erheblich verkürzt wird. Das ist der Fall, wenn der Weg zur Arbeit um insgesamt eine Stunde kürzer wird.

Bei einem beruflich veranlassten Umzug können Sie insbesondere folgende Werbungskosten abziehen:

- Fahrtkosten für die Wohnungssuche,

- Maklergebühren,

- Kosten für den Spediteur bzw. den gemieteten Lkw,

- die doppelte Miete für die alte Wohnung, solange diese neben der Miete für die neue Wohnung gezahlt werden muss, ab dem Auszugstag bis zum Ablauf der Kündigungsfrist,

- Ummeldegebühren (z. B. auch für Ihr Kraftfahrzeug),

- Schönheitsreparaturen in der alten Wohnung,

- Kosten für den Auf- und Abbau der Möbel,

- Kosten für Nachhilfeunterricht für Kinder bis zu einem Höchstbetrag von € 1 752,– (Stand 2014).

! Ihre Umzugskosten können Sie entweder als Pauschale oder Ihre Aufwendungen im Einzelnen ermitteln und gegen Nachweis als Werbungskosten geltend machen. Die Pauschale beträgt bei Ledigen € 695,– und bei Verheirateten, Verwitweten oder Geschiedenen € 1 390,– (Stand 2014).

1.8.2 Privat veranlasster Umzug

Ist Ihr Umzug nicht beruflich veranlasst, sind die Umzugskosten nicht als Werbungskosten abziehbar. Für einen privat veranlassten Umzug können Sie aber eine Steuerermäßigung für haushaltsnahe Dienstleistungen erhalten. Pro Jahr erkennt das Finanzamt 20 % der Aufwendungen, maximal jedoch € 4 000,– als haushaltsnahe Dienstleistung an.

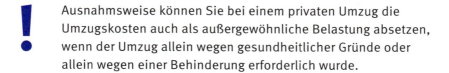

Ausnahmsweise können Sie bei einem privaten Umzug die Umzugskosten auch als außergewöhnliche Belastung absetzen, wenn der Umzug allein wegen gesundheitlicher Gründe oder allein wegen einer Behinderung erforderlich wurde.

2 Mietnebenkosten – die »zweite Miete«

30 Millionen Neben- oder Betriebskostenabrechnungen werden jährlich in Deutschland verschickt. Nach Einschätzung der örtlichen Mietervereine ist jede zweite Abrechnung falsch, unvollständig oder nicht nachvollziehbar. Deshalb lösen die Abrechnungen regelmäßig Auseinandersetzungen und Streitigkeiten zwischen Mietern und Vermietern aus. Dabei geht es vor allem darum, welche Kosten tatsächlich auf die Mieter umgelegt werden dürfen und welche nicht. Genauso oft wird aber auch über die Frage gestritten, nach welchen Kriterien die Kosten im Haus zu verteilen sind und ob die vom Vermieter angesetzten Betriebskosten wirtschaftlich sind oder nicht.

2.1 Wann Sie Betriebskosten zahlen müssen

Kraft Gesetzes ist es so, dass die Betriebs- oder Nebenkosten der Vermieter zu tragen hat; sie sind also gesetzlich Bestandteil der Miete und müssen vom Mieter nicht noch einmal zusätzlich bezahlt werden. Allerdings ist die gesetzliche Regelung nicht zwingend, das heißt, dass der Vermieter davon abweichen kann und dem Mieter die Betriebskosten in Rechnung stellen darf. Voraussetzung dafür ist aber, dass im Mietvertrag zwischen Vermieter und Mieter wirksam vereinbart ist, dass der Mieter neben der Miete auch die Betriebskosten zahlen muss.

Achtung: Als Mieter müssen Sie keine Betriebskosten zahlen, wenn der Mietvertrag darüber keine Regelung enthält. In diesem Fall ist eine Brutto- oder Pauschalmiete vereinbart. Und auch bei einem mündlichen Mietvertrag hat der Vermieter die Betriebskosten zu tragen, wenn mündlich keine Regelung über die Betriebskosten getroffen wurde. Wenn in diesem Fall die Betriebskosten steigen, darf der Vermieter die Kostensteigerung nicht einfach an den Mieter weiterleiten. Ihm bleibt nur die Möglichkeit, die Miete zu erhöhen.

Wenn der Mietvertrag keine Regelung über die Betriebskosten enthält oder ein mündlicher Mietvertrag abgeschlossen wurde, die Heiz- und Warmwasserkosten aber aufgrund der Heizkostenverordnung verbrauchsabhängig abgerechnet werden müssen, muss der Mieter diese Kosten noch neben der Miete zahlen. Man spricht in diesem Fall von einer Bruttokaltmiete.

Wenn im Mietvertrag vereinbart wurde, dass der Mieter die Betriebskosten zu tragen hat, ist eine entsprechende Regelung nur dann wirksam, wenn genau und eindeutig festgelegt ist, welche Betriebskosten vom Mieter zu tragen sind. Andernfalls ist die Regelung unwirksam; der Vermieter kann dann die Betriebskosten nicht auf die Mieter umlegen.

Beispiel: Unwirksam ist folgende Regelung im Mietvertrag: »Der Mieter trägt die Nebenkosten«. Diese Formulierung ist zu ungenau, weil der Mieter nicht wissen kann, welche Nebenkosten auf ihn zukommen. Entsprechendes gilt, wenn im Mietvertrag Folgendes vereinbart ist: »Sämtliche anfallenden Nebenkosten gehen zulasten des Mieters«. Keine Betriebskosten fallen für den Mieter auch dann an, wenn die im Formularmietvertrag für die Vereinbarung der Betriebskosten vorgesehene Stelle nicht ausgefüllt ist. Unwirksam sind auch folgende Vertragsklauseln: »Die umlagefähigen Betriebskosten trägt der Mieter« oder »Die üblichen anteiligen Hausabgaben und sonstigen Kosten gehen zulasten des Mieters«.

Wenn Ihr Mietvertrag eine unwirksame Klausel über die Betriebskosten enthält, haben Sie Grund zur Freude. In diesem Fall müssen Sie neben der Miete keine Betriebskosten an Ihren Vermieter zahlen.

Wenn Betriebskostenzahlungen vereinbart werden, beziehen sich die Mietverträge häufig auf die Betriebskostenverordnung. Dann heißt es: »Neben der Miete sind die Nebenkosten nach der Betriebskostenverordnung zu zahlen.« Diese Regelung wird von den Gerichten als wirksame Vereinbarung akzeptiert, weil ein durchschnittlicher Mieter wisse, was auf ihn zukommt, wenn er eine Vereinbarung zur Zahlung von Betriebskosten gemäß der Betriebskostenverordnung schließe. Wenn im Mietvertrag aber nur einzelne, konkrete Betriebskosten genannt sind, dann sind nur diese Kosten umlegbar. Alle anderen, nicht genannten Kosten, können nicht auf die Mieter abgewälzt werden. Das Gleiche gilt, wenn im Mietvertrag der Betriebskostenkatalog abgedruckt ist mit der Möglichkeit, einzelne Kostenarten anzukreuzen. Dann gelten nur die angekreuzten Kosten als vereinbart.

Unter Umständen kann auch ohne schriftlichen Mietvertrag durch entsprechende langjährige Praxis des Mietverhältnisses (z.B. zehn Jahre) stillschweigend vereinbart werden, dass der Mieter alle oder einzelne Betriebskosten tragen muss. Bevor Sie Betriebskosten zahlen, sollten Sie also immer die entsprechende Regelung im Mietvertrag prüfen, um eine stillschweigende Änderung des Mietvertrags zu vermeiden.

Achtung: Für eine stillschweigende Änderung des Mietvertrags reicht es aber nicht aus, dass Sie Betriebskostenabrechnungen lediglich nicht beanstanden und darauf Nachzahlungen leisten oder Guthaben vereinnahmen. Es müssen vielmehr zusätzliche Umstände vorliegen, aus denen sich ergibt, dass Sie und Ihr Vermieter den Mietvertrag ändern wollten.

2.2 Wenn Sie mit dem Vermieter eine Pauschale vereinbart haben

Die Zahlung der Betriebskosten durch den Mieter kann als Pauschale oder als Vorauszahlung vereinbart werden. Es kann auch eine Kombination vereinbart werden: So kann festgelegt sein, dass der Vermieter für einen Teil der Betriebskosten eine Pauschale erheben kann und für den anderen als Vorauszahlung abgerechnet wird. Ob eine Pauschale oder Vorauszahlung vereinbart ist, bestimmt sich nach dem Mietvertrag.

Achtung: Für Heiz- und Warmwasserkosten darf der Vermieter keine Pauschale erheben. Diese Kosten müssen grundsätzlich verbrauchsabhängig abgerechnet werden (vgl. dazu Kapitel 2.6).

Wenn der Vermieter nach dem Mietvertrag eine Betriebskostenpauschale erheben darf, bedeutet das, dass die Betriebskosten endgültig bezahlt sind, und zwar ohne Rücksicht auf den tatsächlichen Verbrauch. Eine Abrechnung findet nicht statt und Nachforderungen des Vermieters oder Ersatzansprüche des Mieters sind ausgeschlossen.

Achtung: Will Ihr Vermieter statt einer im Mietvertrag vereinbarten Pauschale nunmehr eine Betriebskostenvorauszahlung mit jährlicher Abrechnung haben, so muss der Mietvertrag entsprechend geändert werden, was nur mit Ihrem Einverständnis möglich ist.

Für Sie als Mieter hat die Vereinbarung einer Pauschale den Vorteil, dass Sie von Beginn des Mietverhältnisses an wissen, mit welchen Betriebskosten Sie rechnen müssen. Der Nachteil ist, dass Sie keine Rückerstattung verlangen können, wenn die tatsächlichen Kosten unter der gezahlten Pauschale liegen.

In der Praxis wird die Betriebskostenpauschale eher selten verwendet. Schließlich besteht für den Vermieter das Risiko, dass die monatlichen Pauschalzahlungen nicht ausreichen, um die tatsächlich angefallenen Kosten zu decken. Und für den Mieter besteht kein Anreiz, die Kosten (z. B. die Wasserkosten) zu senken, weil er ohnehin keine Rückzahlung zu viel gezahlter Pauschalen verlangen kann.

Haben sich die Betriebskosten erhöht, kann der Vermieter auch die Betriebskostenpauschale erhöhen. Voraussetzung ist allerdings, dass er sich die Möglichkeit im Mietvertrag ausdrücklich vorbehalten hat. Auch neu hinzugekommene Betriebskosten können eine Erhöhung der Pauschale rechtfertigen, wenn dies im Mietvertrag vorgesehen ist. Die Erhöhung der Pauschale muss der Mieter in Textform geltend machen. Und er muss die Gründe der Erhöhung erläutern. Der Vermieter muss also mitteilen, welche Kosten gestiegen sind und um welchen Betrag. Er muss den Grund darlegen, warum die Betriebskosten gestiegen sind. Und er muss erklären, wie sich das für die einzelne Wohnung bzw. das konkrete Mietverhältnis auswirkt. Es reicht z. B. nicht aus, auf höhere kommunale Gebühren zu verweisen. Eine Erhöhungserklärung des Vermieters, die den gesetzlichen Anforderungen nicht entspricht, ist unwirksam.

Die Erhöhung beginnt mit Beginn des übernächsten Monats, nachdem die Erklärung dem Mieter zugegangen ist.

 Beispiel: Die Erklärung geht dem Mieter am 18.7. zu. Die höhere Betriebskostenpauschale gilt dann ab September.

 Diese Chance besteht zwar nur theoretisch, gleichwohl gilt: Sinken die Betriebskosten, muss der Vermieter die Pauschale herabsetzen. Er ist verpflichtet, dem Mieter eine Ermäßigung unverzüglich mitzuteilen.

2.3 Welche Betriebskosten der Vermieter umlegen darf

Betriebskosten sind nach der Betriebskostenverordnung die Kosten, die dem Eigentümer oder Erbbauberechtigten durch das Eigentum oder Erbbaurecht am Grundstück oder durch den bestimmungsgemäßen Gebrauch des Gebäudes, der Nebengebäude, Anlagen, Einrichtungen und des Grundstücks laufend entstehen.

Im Einzelnen müssen folgende Voraussetzungen vorliegen:

- Es muss sich um Aufwendungen des Vermieters handeln, die tatsächlich entstanden sind. Einnahmen des Vermieters, die im Zusammenhang mit den Betriebskosten erzielt werden, sind ebenso von den Kosten abzuziehen wie Rückerstattungen oder Rabatte.

- Es muss sich um laufende, also regelmäßig wiederkehrende Kosten handeln. Einmalige Aufwendungen können vom Vermieter nicht als Betriebskosten geltend gemacht werden. Wenn also beispielsweise ein Baum im Garten gefällt werden muss, gehört dies nicht zwingend zu den typischen Gartenpflegearbeiten.

- Nur objektbezogene Kosten kommen als Betriebskosten in Betracht. Die entstandenen Kosten müssen also durch den bestimmungsgemäßen Gebrauch des vermieteten Objekts verursacht worden sein.

- Nur Kosten, die dem Eigentümer bzw. Vermieter zugeordnet werden können, kommen als Betriebskosten in Betracht. Kosten, die der Mieter trägt (z. B. die Kosten des Haushaltsstroms), dürfen nicht als Betriebskosten abgerechnet werden.

Als Betriebskosten kann der Vermieter auch Kosten anteilig auf die Mieter umlegen, die im Zusammenhang mit den Nebengebäuden oder den Anlagen entstanden sind. Zu den Betriebskosten gehören also auch Kosten für Gartenarbeiten oder die Stromkosten für einen Schuppen, der sich auf dem Grundstück befindet.

Achtung: Die Kosten für Nebenanlagen und Anlagen können nicht auf den Mieter umgelegt werden, wenn dieser sie gar nicht nutzen kann oder darf. Der Mieter muss also nicht für Gartenarbeiten zahlen, wenn er den Garten nicht betreten darf.

Bei der Beurteilung der Frage, ob bestimmte Kosten umlagefähig sind oder nicht, spielt es keine Rolle, wer die Leistung erbringt. Auch die

Eigenleistungen des Vermieters können als Betriebskosten umgelegt werden. Allerdings muss der Vermieter seine Eigenleistungen belegen.

Achtung: Der Vermieter ist gesetzlich verpflichtet, den Grundsatz der Wirtschaftlichkeit zu beachten. Er darf also nur solche Betriebskosten in Rechnung stellen, die für eine ordnungsgemäße Bewirtschaftung des Gebäudes erforderlich sind. Übertriebene und besonders kostspielige Kosten können vom Mieter beanstandet werden. In Betracht kommen z. B. zu hohe Reinigungskosten, wenn Treppen, Keller oder Hausgänge mit unangemessenem Aufwand gereinigt werden.

Bei Wohnraummietverträgen dürfen nur solche Betriebskosten auf die Mieter umgelegt werden, die in der Betriebskostenverordnung aufgelistet sind. Die Auflistung ist abschließend. Andere Kosten als die nachfolgend aufgeführten dürfen als Betriebskosten nicht berechnet werden.

Man unterscheidet sogenannte »kalte« und »warme« Betriebskosten:

- Die »warmen« Betriebskosten betreffen Heizung und Warmwasser. Hierunter fallen sowohl Kosten für die Reinigung und Wartung einer Gasetagenheizung oder von Warmwassergeräten als auch die Kosten für zentral beheizte Wohnungen und Häuser. Bei den »warmen« Betriebskosten besteht die Besonderheit, dass die Kosten verbrauchsabhängig abgerechnet werden müssen (vgl. dazu Kapitel 2.6).

- Die restlichen Betriebskostenarten sind »kalte« Betriebskosten. Sie haben nichts mit der Erwärmung der Wohnung zu tun.

2.3.1 Umlagefähige »kalte« Betriebskosten

Der Katalog der Betriebskostenverordnung enthält 15 verschiedene »kalte« Betriebskostenarten.

Laufende öffentliche Lasten des Grundstücks

Zu den laufenden Lasten des Grundstücks gehört die Grundsteuer, die von den Gemeinden erhoben wird. Nicht auf den Mieter umlegen darf der Vermieter Anlieger- und Erschließungsgebühren. Wenn im Haus nicht nur Wohnungen, sondern auch Gewerberäume sind, darf auf den Mieter nur der Teil der Grundsteuer umgelegt werden, der tatsächlich auf die Wohnräume entfällt. Die Grundsteuer für Gewerberäume ist im Allgemeinen wesentlich höher. Der Vermieter darf also nicht einfach die Gesamtsumme gleichmäßig aufteilen, weil das die Wohnungsmieter benachteiligen würde.

Achtung: Wenn der Vermieter selbst mit im Haus wohnt, muss er seinen Anteil an der Grundsteuer tragen. Er kann nicht die gesamte Grundsteuer auf den Mieter umlegen.

Kosten der Wasserversorgung

Zu den Kosten der Wasserversorgung gehören

- die Kosten des Wasserverbrauchs,

- die Grundgebühren,

- die Kosten der Anmietung oder anderer Arten der Gebrauchsüberlassung von Wasserzählern,

- die Kosten ihrer Verwendung einschließlich der Kosten der Eichung sowie der Kosten der Berechnung und Aufteilung,

- die Kosten der Wartung von Wassermengenreglern,

- die Kosten des Betriebs einer hauseigenen Wasserversorgungsanlage und einer

- Wasseraufbereitungsanlage einschließlich der Aufbereitungsstoffe.

Um den individuellen Verbrauch zu erfassen, sollten Sie darauf achten, dass es für Ihre Wohnung einen Wasserzähler gibt. Für Neubauten ist vorgeschrieben, dass ein Wasserzähler eingebaut sein muss. Kaltwasserzähler muss der Vermieter spätestens nach sechs Jahren nacheichen oder austauschen lassen. Wenn die Messgeräte veraltet sind, ist die Abrechnung unwirksam.

Achtung: Den Betriebskostenanteil für leer stehende Wohnungen im Haus hat der Vermieter zu tragen. Der Vermieter ist verpflichtet, einen ungewöhnlich hohen Wasserverbrauch zu erklären. Es muss ausgeschlossen sein, dass der Verbrauch nicht aufgrund von Wasserverlusten wegen eines lecken Wasserrohrs, eines undichten Wasserhahns, eines defekten Wasserzählers oder einer fehlerhaften Abrechnung oder Fehler bei der Datenverarbeitung zustande gekommen ist. Ist durch eine Leckstelle in der Wasserleitung Wasser ausgetreten und im Erdreich versickert, muss der Mieter die Kosten des Mehrverbrauchs nicht tragen.

=== **Kosten der Entwässerung**

Zu den Kosten der Entwässerung gehören

- die Gebühren für die Haus- und Grundstücksentwässerung,

- die Kosten des Betriebs einer entsprechenden nicht öffentlichen Anlage und

- die Kosten des Betriebs einer Entwässerungspumpe.

Keine Betriebskosten sind Kanalanschlussgebühren oder Abwasserbeiträge für die Erneuerung, Erweiterung oder Verbesserung der Kanalisation. Gleiches gilt für Bau-, Reparatur- und Instandhaltungskosten.

Achtung: Die Kosten für die Beseitigung einer Abflussverstopfung sind keine Betriebskosten. Diese Instandhaltungskosten muss der Vermieter zahlen. Er kann aber vom Verursacher gegebenenfalls Schadensersatz verlangen.

Kosten des Aufzugs

Zu den Kosten des Betriebs des Personen- oder Lastenaufzugs gehören die Kosten

- des Betriebsstroms,

- der Beaufsichtigung, der Bedienung, Überwachung und Pflege der Anlage,

- der regelmäßigen Prüfung ihrer Betriebsbereitschaft und Betriebssicherheit einschließlich der Einstellung durch eine Fachkraft sowie

- der Reinigung der Anlage.

Zulässig ist es, dass auch Erdgeschossbewohner zur Kostenumlage herangezogen werden können. Im Mietvertrag kann der Mieter im Erdgeschoss aber von den Fahrstuhlkosten ausgeschlossen werden; andernfalls muss auch er sich an den Kosten beteiligen.

Achtung: Reparaturkosten bzw. Kosten für die Beseitigung einer Betriebsstörung sind keine Betriebskosten. Deshalb sind auch die Kosten eines Vollwartungsvertrags nicht in voller Höhe umlagefähig, weil darin auch Reparaturkosten und Kosten für Instandhaltungsarbeiten enthalten sind. In den meisten Fällen ziehen die Gerichte zwischen 20 und 50 % des Vollwartungsvertrags als nicht umlagefähig ab.

Kosten der Straßenreinigung

Zu den Kosten der Straßenreinigung gehören in erster Linie die für die öffentliche Straßenreinigung zu entrichtenden Gebühren und die Kosten entsprechender nicht öffentlicher Maßnahmen. Zu den Straßenreinigungskosten gehören auch die Kosten für das Fegen und Kehren des Bürgersteigs und der Winterdienst.

Achtung: Übernimmt der Vermieter den Winterdienst selbst, kann er angemessene Kosten für seine Eigenleistungen abrechnen. Übernehmen die Mieter den Winterdienst, muss der Vermieter Streumittel zur Verfügung stellen; die entsprechenden Kosten sind umlagefähig, nicht aber die Anschaffungskosten für die Arbeitsgeräte (z. B. Besen oder Schneeschaufel).

Kosten der Müllbeseitigung

Zu den Kosten der Müllbeseitigung gehören

- die für die Müllabfuhr zu entrichtenden Gebühren,

- die Kosten entsprechender nicht öffentlicher Maßnahmen,

- die Kosten des Betriebs von Müllkompressoren, Müllschluckern, Müllabsauganlagen sowie

- des Betriebs von Müllmengenerfassungsanlagen einschließlich der Kosten der Berechnung und Aufteilung.

Achtung: Kosten für die Anmietung eines Müllbehälters dürfen nicht auf den Mieter umgelegt werden. Keine Betriebskosten sind auch die Kosten für einen Müllcontainer, in dem Bauschutt oder Gartenabfälle gesammelt werden. Nicht umlagefähig ist auch die Entsorgung von Sperrmüll, es sei denn, dass die Entsorgung in regelmäßigen Abständen erfolgt.

=== Kosten der Gebäudereinigung

Zu den Kosten der Gebäudereinigung gehören die Kosten für die Säuberung der von den Bewohnern gemeinsam genutzten Gebäudeteile, wie Zugänge, Flure, Treppen, Keller, Bodenräume, Waschküchen, Fahrkorb des Aufzugs. Neben den Lohnkosten kann der Vermieter auch die Kosten für die laufend verbrauchten Reinigungsmittel auf die Mieter umlegen. Nicht umlagefähig sind dagegen die Kosten für die Anschaffung von Reinigungsgeräten oder Maschinen.

Wenn der Vermieter die Reinigung selbst vornimmt, kann er den Mietern für seine Eigenleistungen die entsprechenden Kosten in Rechnung stellen, die jedoch nicht höher sein dürfen als das ortsübliche Entgelt für eine Reinigungskraft.

Achtung: Beauftragt der Vermieter eine Reinigungskraft, muss er den Grundsatz der Wirtschaftlichkeit berücksichtigen. Das gilt insbesondere für die Häufigkeit und Intensität der Reinigung. Zu berücksichtigen sind dabei u. a. die Wohnanlage, das Wohnumfeld und der Verschmutzungsgrad. Grundsätzlich muss es als ausreichend angesehen werden, wenn ein Mal in der Woche Treppenhaus und Flur gereinigt werden.

Die Kosten für die Reinigung der Fassade können nicht auf den Mieter umgelegt werden. Das gilt auch für das Entfernen von Graffiti.

=== Kosten der Ungezieferbekämpfung

Regelmäßige Ungezieferbekämpfungen sind heute kaum noch erforderlich. Umlagefähige Kosten sind beispielsweise Kosten für Schädlingsbekämpfungsmittel (z. B. Insektenspray). Nicht als Betriebskosten angesetzt werden dürfen die Kosten der Beseitigung eines Wespen- oder Bienennestes oder Maßnahmen gegen Belästigungen durch Tauben.

=== Kosten der Gartenpflege

Zu den Kosten der Gartenpflege gehören die Kosten der Pflege gärtnerisch angelegter Flächen einschließlich der Erneuerung von Pflanzen und Gehölzen, der Pflege von Spielplätzen einschließlich der Erneuerung von Sand und der Pflege von Plätzen, Zugängen und Zufahrten, die dem nicht öffentlichen Verkehr dienen.

Beispiel: Umlagefähig sind u. a. die Pflege und das Zurückschneiden von Sträuchern und Hecken, Schneiden und Ausasten von Bäumen, Beseitigung von Unkraut, Düngen, Schädlingsbekämpfung, Rasenpflege, Gießwasser, laufende Kosten für Rasenmäher. Auch die Kosten für die Erneuerung von Pflanzen bzw. Ersatzpflanzungen können auf die Mieter umgelegt werden, soweit die bisherigen Pflanzungen durch Alterung oder Witterungseinflüsse eingegangen sind.

Achtung: Nicht umlagefähig sind u. a. die Kosten für die Neuanschaffung von Gartengeräten, die Erstanschaffung von Pflanzen, die komplette Neuanlage des Gartens, die Erneuerung von Gehwegplatten. Hat sich der Vermieter die alleinige Nutzung des Gartens vorbehalten oder hat der Mieter des Erdgeschosses den Garten mitgemietet, ist der Vermieter bzw. der Erdgeschossmieter zur Pflege des Gartens verpflichtet; sie haben dann die entsprechenden Kosten zu tragen. Gartenpflegekosten können dann nicht auf die anderen Mieter umgelegt werden.

=== Kosten der Beleuchtung

Zu den Kosten der Beleuchtung gehören die Kosten des Stroms für die Außenbeleuchtung und die Beleuchtung der von den Bewohnern gemeinsam genutzten Gebäudeteile, wie Zugänge, Flure, Treppen, Keller, Bodenräume, Waschküchen.

Achtung: Umgelegt werden dürfen nur die Stromkosten von Gebäudeteilen, die von allen Mietern genutzt werden. Die Kosten für die Beleuchtung einer Tiefgarage dürfen also nur auf die Mieter umgelegt werden, die dort einen Stellplatz gemietet haben.

Kosten der Schornsteinreinigung

Zu den Kosten der Schornsteinreinigung gehören die Kehrgebühren nach der maßgebenden Gebührenordnung, soweit sie nicht bereits als Heizungskosten berücksichtigt sind.

Achtung: Nicht zu den Kosten der Schornsteinreinigung gehören die Kosten für Immissionsschutzmessungen. Hierbei handelt es sich um Kosten der Heizungsanlage, die über die verbrauchsabhängige Heizkostenabrechnung abgerechnet werden müssen.

Kosten der Sach- und Haftpflichtversicherung

Zu den umlagefähigen Kosten der Sach- und Haftpflichtversicherung gehören

- die Kosten der Versicherung des Gebäudes gegen Feuer, Sturm-, Wasser- sowie sonstige Elementarschäden,

- die Kosten für die Glasversicherung,

- die Kosten der Haftpflichtversicherung für das Gebäude, den Öltank und den Aufzug.

Beim Abschluss einer Versicherung hat der Vermieter den Grundsatz der Wirtschaftlichkeit zu beachten. Der Vermieter muss also prüfen, welche Versicherungen abgeschlossen werden und zu welchem Preis. So sind Elementarschadenversicherungen in einem erdbebensicheren Gebiet ohne Hochwassergefahren überflüssig. Auch bei der Auswahl der Versicherung muss sich der Vermieter wirtschaftlich vernünftig verhalten.

Achtung: Der Vermieter kann solche Versicherungen nicht auf den Mieter umlegen, die seine persönlichen Risiken abdecken. Dazu gehören z. B. die Hausrat- und private Haftpflichtversicherung, die Rechtsschutzversicherung und eine Mietausfallversicherung.

Kosten des Hauswarts

Zu den Kosten für den Hauswart gehören die Vergütung, die Sozialbeiträge und alle geldwerten Leistungen, die der Eigentümer oder Erbbauberechtigte dem Hauswart für seine Arbeit gewährt, soweit diese nicht die Instandhaltung, Instandsetzung, Erneuerung, Schönheitsreparaturen oder die Hausverwaltung betreffen.

 Beispiel: Zu den umlagefähigen Hauswartskosten gehören die Kosten für laufende Reinigungsarbeiten, die Kontrolle der Gemeinschaftsflächen und -einrichtungen oder die Überwachung der Hausordnung.

Zu den typischen Hausmeisteraufgaben gehören auch die Haus-, Treppen- und Straßenreinigung, die Gartenpflege und die Bedienung und Überwachung der Sammelheizung der Warmwasserversorgung. Wenn dem Hausmeister diese Aufgaben übertragen sind, dürfen bei diesen Kostenarten keine gesonderten Kosten angesetzt werden. Sie sind mit der Vergütung für den Hauswart abgegolten.

Achtung: Wenn der Hausmeister Arbeiten erledigt, die nicht umlagefähig sind, müssen die Kosten für diese Tätigkeiten aus den Betriebskosten herausgerechnet werden. Das betrifft insbesondere Verwaltungsarbeiten (z. B. Wohnungsabnahmen, Einweisung der Mieter beim Einzug, Entgegennahme und Weiterleitung von Reklamationen und Mängelanzeigen), Instandhaltungs- und Instandsetzungsarbeiten des Hausmeisters (z. B. Reparaturarbeiten und kleinere Reparaturen in Wohnungen).

Achtung: Der Vermieter ist dem Grundsatz der Wirtschaftlichkeit verpflichtet. Wenn die Hausmeistertätigkeit zu hoch bezahlt wird, geht das zu seinen Lasten. Er kann in diesem Fall nur den ortsüblichen Satz auf die Mieter umlegen; die Differenz muss der Vermieter selbst tragen.

Kosten der Gemeinschaftsantenne oder für Kabelfernsehen

Zu den Kosten des Betriebs der Gemeinschaftsantennenanlage gehören

- die Kosten des Betriebsstroms,

- die Kosten der regelmäßigen Prüfung ihrer Betriebsbereitschaft einschließlich der Einstellung durch eine Fachkraft,

- das Nutzungsentgelt für eine nicht zu dem Gebäude gehörende Antennenanlage sowie

- die Gebühren, die nach dem Urheberrechtsgesetz für die Kabelweitersendung entstehen.

Achtung: Wenn der Kundendienst aufgrund eines Wartungsvertrags eine Reparatur ausführt, ist dieser Kostenanteil nicht umlagefähig. Reparaturkosten hat immer der Vermieter zu tragen. Gleiches gilt bei Erneuerungen an der Antennenanlage.

Mieter, die Kabel, aber keinen Antennenanschluss haben, können nicht bei den Betriebskosten für die Gemeinschaftsantenne herangezogen werden. Keine Rolle spielt es dagegen, ob ein Mieter ein Fernsehgerät hat oder nicht.

Zu den Betriebskosten gehören auch die Kosten des Betriebs der mit einem Breitbandkabelnetz verbundenen privaten Verteilanlage. Diese umfassen die Kosten wie beim Betrieb der Gemeinschaftsantennenanlage (vgl. oben), ferner die laufenden monatlichen Grundgebühren für Breitbandkabelanschlüsse.

Achtung: Kosten für die erstmalige Installation des Kabelanschlusses sind nicht umlagefähig. Auch die Kosten einer einmalig zu zahlenden Anschlussgebühr sind keine Betriebskosten.

Kosten der Wäschepflege

Zu den Kosten des Betriebs der Einrichtungen für die Wäschepflege gehören die Kosten

- des Betriebsstroms,

- der Überwachung, Pflege und Reinigung der Einrichtungen,

- der regelmäßigen Prüfung ihrer Betriebsbereitschaft und Betriebssicherheit sowie

- der Wasserversorgung, soweit sie nicht dort bereits berücksichtigt sind.

 Beispiel: Umlegbar sind die laufenden Kosten für die Gemeinschaftswaschmaschine, den Trockner, den Bügelautomaten usw. Nicht umlagefähig sind Reparaturleistungen.

Achtung: Nicht umlagefähig sind Kosten für Reparaturleistungen und das Beheben von Störungen. Übernimmt der Hauswart die Überwachung, Pflege oder Reinigung der Waschmaschinen, Trockner usw., entstehen keine zusätzlichen Personalkosten. Die Kosten werden bei der Position »Hauswart« (vgl. oben) abgerechnet.

Sonstige Betriebskosten

Zu den sonstigen Betriebskosten gehören u. a. die Kosten

- der Dachrinnenreinigung,

- für Wartung und Prüfung der Feuerlöscher, von Pumpen, Sprinkleranlagen, einer Sprühwasser-Löschanlage oder für eine Rauchabzugsanlage,

- für die turnusmäßige Überprüfung einer Elektroanlage,

- für ein Schwimmbad oder eine Sauna,

- für die Prüfung von Blitzableiteranlagen.

2.3.2 Umlagefähige »warme« Betriebskosten

Die »warmen« Betriebskosten sind die Heiz- und Warmwasserkosten. Sie machen den größten Teil der Betriebskosten aus und müssen verbrauchsabhängig abgerechnet werden.

Heizkosten

Zu den Heizkosten gehören die Kosten des Betriebs der zentralen Heizungsanlage einschließlich der Abgasanlage, die Kosten des Betriebs der zentralen Brennstoffversorgungsanlage, der eigenständig gewerblichen Lieferung von Wärme oder der Reinigung und Wartung von Etagenheizungen und Gaseinzelfeuerstätten.

Zu den umlagefähigen Kosten des Betriebs der zentralen Heizungsanlage einschließlich der Abgasanlage gehören die Kosten

- der verbrauchten Brennstoffe und ihrer Lieferung,

- des Betriebsstroms (das sind sämtliche Stromkosten, die für den
  Betrieb der Heizungsanlage anfallen, z. B. Strom für Pumpen,
  Brenner, Wärmefühler usw.),

- der Bedienung, Überwachung und Pflege der Anlage (insbesondere Sach- und Personalkosten),

- der regelmäßigen Prüfung ihrer Betriebsbereitschaft und Betriebssicherheit einschließlich der Einstellung durch eine Fachkraft,

- der Reinigung der Anlage und des Betriebsraums (das sind die
  Kosten für die Reinigung des Heizkessels durch Entfernen von
  Verbrennungsrückständen und Wasserablagerungen sowie des
  Brenners),

- der Messungen nach dem Bundes-Immissionsschutzgesetz,

- der Anmietung oder anderer Arten der Gebrauchsüberlassung
  einer Ausstattung zur Verbrauchserfassung sowie

- der Verwendung einer Ausstattung zur Verbrauchserfassung ein-
  schließlichder Eichung sowie

- der Kosten der Berechnung und Aufteilung.

Zu den Brennstoffkosten gehören die Kosten für den Kauf von Öl,
Gas und Kohle. Eingeräumte Rabatte und Preisnachlässe muss der
Vermieter berücksichtigen. Betriebsstrom ist der Strom für die Um-
wälzpumpe, die Pumpe im Brenner, die Regelungsanlage und die
Beleuchtung im Heizraum. Achten Sie darauf, dass der Betriebsstrom nicht zweimal abgerechnet wird (z. B. auch noch für die Haus-
beleuchtung oder den Aufzug). Deshalb sollte der Betriebsstrom
grundsätzlich durch einen eigenen Zwischenzähler erfasst werden.

Achtung: Bei den Brennstoffkosten dürfen nur die im Abrechnungszeitraum verbrauchten Brennstoffe abgerechnet werden. Deshalb müssen beim Heizöl ein Anfangs- und ein Endbestand ermittelt werden. Beim Gas ist der am Hauptzähler abgelesene Wert am Ende des Abrechnungszeitraums maßgebend.

Ob die Kosten für die Reinigung des Öltanks auf die Mieter umgelegt werden dürfen, wird von den Gerichten unterschiedlich beurteilt. Die Mehrzahl der Gerichte geht davon aus, dass es sich hierbei um nicht umlagefähige Instandhaltungskosten handelt; jedenfalls dann, wenn die Öltankreinigung in längeren Zeitabschnitten vorgenommen wird (z. B. alle sechs oder acht Jahre).

Achtung: Beachten Sie, dass nicht alle Heizkosten umlagefähig sind. So können z. B. Leasingkosten für den Brenner oder Öltank, Mietkosten für einen Flüssigtank oder die Kosten für die Heizungsbetreuung vom Vermieter nicht als Betriebskosten in Ansatz gebracht werden.

Zu den Kosten des Betriebs der zentralen Brennstoffversorgungsanlage gehören die Kosten

- der verbrauchten Brennstoffe und ihrer Lieferung,

- des Betriebsstroms und

- der Überwachung sowie

- der Reinigung der Anlage und des Betriebsraums.

Zu den Heizkosten gehören auch die Kosten der eigenständigen gewerblichen Lieferung von Wärme. Dazu gehören das Entgelt für die Wärmelieferung und die Kosten des Betriebs der zugehörigen Hausanlagen (Übergabestation, Absperrventile usw.). Zur eigenständigen gewerblichen Lieferung von Wärme kann neben der aus Fernheizwerken auch diejenige aus zentralen Heizungsanlagen gehören, wenn die Gebäudeeigentümer sie an einen Dritten, beispielsweise an ein Versorgungsunternehmen, zur eigenständigen gewerblichen Lieferung übertragen hat.

Umlagefähig sind auch die Kosten der Reinigung und Wartung von Etagenheizungen und Gaseinzelfeuerstätten. Dazu gehören die Kosten

- der Beseitigung von Wasserablagerungen und Verbrennungsrückständen in der Anlage,

- der regelmäßigen Prüfung der Betriebsbereitschaft und Betriebssicherheit und der damit zusammenhängenden Einstellung durch eine Fachkraft sowie

- der Messungen nach dem Bundes-Immissionsschutzgesetz.

===== **Warmwasserkosten**

Zu den umlagefähigen Kosten der Warmwasserversorgung gehören die Kosten

- für den Betrieb der zentralen Wasserversorgungsanlage,

- für die eigenständige Lieferung von Warmwasser und

- für die Reinigung und Wartung von Warmwassergeräten.

Zu den Warmwasserkosten gehören zum einen die Wasserkosten selbst. In der Regel werden allerdings die Kaltwasserkosten nicht über die Heiz- und Warmwasserkostenabrechnung verteilt, sondern über die »kalte« Betriebskostenabrechnung (vgl. dazu Kapitel 2.3). Zu den Kosten der Wassererwärmung kommen noch die Kosten für Wasserzähler, das heißt Grundgebühren und möglicherweise Zählermiete, die Kosten der Verwendung von Zwischenzählern, einschließlich der Eichkosten, und – soweit vorhanden – die Kosten für den Betrieb einer hauseigenen Wasserversorgungsanlage und einer Wasseraufbereitungsanlage.

Zu den umlagefähigen Kosten der Warmwasserversorgung gehören auch die Kosten für die eigenständige Lieferung von Warmwasser. An die Stelle der Heizkosten tritt dann ein Wärmepreis. Dieser setzt sich aus Grund-, Arbeits- und Verrechnungspreis zusammen.

Schließlich darf der Vermieter auch die Kosten für die Reinigung und Wartung von Warmwassergeräten auf die Mieter umlegen. Dazu gehören die Kosten der Beseitigung von Wasserablagerungen (Entkalken) und Verbrennungsrückständen im Inneren der Geräte sowie die Kosten der regelmäßigen Prüfung der Betriebsbereitschaft und Betriebssicherheit und der damit zusammenhängenden Einstellung durch eine Fachkraft.

2.3.3 Welche Kosten nicht zu den Betriebskosten gehören

Zu den Betriebskosten gehören insbesondere nicht

- die Verwaltungskosten,

- die Instandhaltungs- und Instandsetzungskosten sowie

- die Kapitalkosten.

Verwaltungskosten sind die Kosten der zur Verwaltung des Gebäudes erforderlichen Arbeitskräfte und Einrichtungen, die Kosten der Aufsicht, der Wert der vom Vermieter persönlich geleisteten Verwaltungsarbeit, die Kosten für die gesetzlichen oder freiwilligen Prüfungen des Jahresabschlusses und die Kosten für die Geschäftsführung.

 Beispiel: Zu den Verwaltungskosten gehören die Kosten für die Prüfung der Jahresabschlüsse, Personal- und Sachkosten für die Bewirtschaftung des Gebäudes, Kosten für einen Steuerberater oder Rechtsanwalt, Bankgebühren und Zinsen.

Instandhaltungs- und Instandsetzungskosten sind die Kosten, die während der Nutzungsdauer zur Erhaltung des bestimmungsgemäßen Gebrauchs aufgewendet werden müssen, um die durch Abnutzung, Alterung und Witterungseinwirkung entstehenden baulichen oder sonstigen Mängel ordnungsgemäß zu beseitigen.

Achtung: Auch Instandhaltungsrücklagen, die regelmäßig von Wohnungseigentümergemeinschaften eingestellt werden, sind keine Betriebskosten. Ist also die Eigentumswohnung vermietet, darf der Wohnungseigentümer die ihm in Rechnung gestellten Rücklagen nicht als Betriebskosten abrechnen.

Auch Kapitalkosten, also Hypotheken- oder Darlehenszinsen, haben in der Nebenkostenabrechnung nichts zu suchen. Gleiches gilt für Bankgebühren oder Überziehungszinsen für das Geschäftskonto, auf das der Mieter seine Miete überweist.

 Haben Sie in der Vergangenheit Betriebskosten bezahlt, die im Katalog der Betriebskostenverordnung nicht enthalten sind und deshalb auch nicht als umlagefähige Betriebskosten vereinbart werden dürfen, können Sie diese Überzahlungen zurückverlangen. Ihr Anspruch verjährt in drei Jahren.

2.4 Wann und in welcher Höhe Sie Vorauszahlungen entrichten müssen

Eine Vorauszahlung auf die Betriebskosten muss der Mieter entrichten, wenn dies im Mietvertrag entsprechend vereinbart ist. Kann nicht eindeutig geklärt werden, ob es sich bei der im Mietvertrag vereinbarten Regelung um eine Pauschale oder um eine Betriebskostenvorauszahlung handelt, geht das zulasten des Vermieters. Das heißt, bei Formularmietverträgen ist im Zweifel von einer Pauschale als der für den Vermieter ungünstigeren Regelung auszugehen.

Dass der Mieter auf die von ihm zu tragenden Betriebskosten Vorauszahlungen leisten muss, ist in der Praxis die Regel. Über die Vorauszahlungen muss der Vermieter dann einmal im Jahr abrechnen und diese mit den Kosten verrechnen, die aufgrund der tatsächlich angefallenen Betriebskosten auf den Mieter entfallen (vgl. dazu Kapitel 2.5). Waren die Betriebskosten in der Abrechnungsperiode höher als die monatlichen Vorauszahlungen, muss der Mieter nachzahlen, liegen die Vorauszahlungen über den tatsächlich angefallenen Kosten, bekommt der Mieter Geld zurück.

Vorauszahlungen für Betriebskosten dürfen nur in angemessener Höhe vereinbart werden, das heißt, sie müssen ungefähr den tatsächlichen Kosten entsprechen. Regelmäßig sind daher die Erfahrungswerte der vorangegangenen Abrechnungsperioden zugrunde zu legen. Vorauszahlungen dürfen weder unangemessen hoch, noch sollten sie irreführend niedrig sein.

Auf der Grundlage der Betriebskostenabrechnung des Vermieters können die Vorauszahlungen neu berechnet werden. Jede Partei, also Vermieter und Mieter, kann die Vorauszahlungsbeträge verändern. Der Vermieter muss in seiner Erhöhungserklärung die Erhöhung nachvollziehbar erläutern, also über die bislang entstandenen Kosten abrechnen. Die Erhöhungserklärung muss schriftlich oder in Textform erfolgen. Es sind keine Fristen einzuhalten. Für die Erhöhung bedarf es nicht der Zustimmung des Mieters. Die höhere Vorauszahlung muss ab dem nächsten Monatsersten erfolgen.

Achtung: Der Vermieter darf die Vorauszahlungen nicht rückwirkend erhöhen.

 Tipp: Auch Sie als Mieter haben das Recht, die Betriebskostenvorauszahlungen anzupassen. Sie können die monatlichen Vorauszahlungen auf einen angemessenen Betrag herabsetzen, wenn sich nach Vorlage der Abrechnung herausstellt, dass der monatliche Vorauszahlungsbetrag zu hoch ist. Die Herabsetzung der Vorauszahlungen müssen Sie dem Vermieter schriftlich oder in Textform mitteilen.

2.5 Welche Anforderungen an die Betriebskostenabrechnung gestellt werden

Ein Anspruch des Vermieters auf Nachzahlung von Nebenkosten besteht nur dann, wenn er dem Mieter eine ordnungsgemäße Abrechnung vorlegt. Diese muss bestimmten rechtlichen Anforderungen genügen.

2.5.1 Mindestangaben

Eine Betriebskostenabrechnung muss bestimmte Mindestangaben enthalten. Nur wenn sich diese Angaben aus der Abrechnung ergeben, ist sie mietrechtlich formell wirksam. Und nur dann kann sie Grundlage für Nachzahlungsansprüche des Vermieters sein. Eine Abrechnung, die diesen Angaben nicht genügt, ist unbeachtlich mit der Folge, dass Ihnen als Mieter ein Anspruch auf Nachbesserung bzw. auf Erteilung einer neuen Abrechnung zusteht. Sie müssen nichts bezahlen. Der Vermieter muss erst eine komplett neue Abrechnung vorlegen.

=== **Angaben der Betriebskostenabrechnung**

Folgende Angaben muss eine Betriebskostenabrechnung mindestens enthalten:

- die Bezeichnung des Objekts, auf die sich die Abrechnung bezieht,

- die Benennung des Abrechnungszeitraums,

- die geordnete Zusammenstellung der Gesamtkosten für jede Nebenkostenart,

- die Angabe und Erläuterung des zugrunde liegenden Abrechnungsmaßstabs (Verteilerschlüssels),

- die Berechnung des auf die Wohnung des Mieters entfallenden Anteils der Kosten,

- die Verrechnung der Vorauszahlungen mit dem auf den Mieter entfallenden Kostenanteil.

Die Abrechnung des Vermieters muss also sämtliche Ausgaben geordnet und verständlich darstellen. Es müssen die Gesamtkosten jeder Kostenart angegeben werden. Wurden nicht umlagefähige oder nur auf andere Mieter entfallende Kostenanteile herausgerechnet, muss ersichtlich sein, ob und in welcher Höhe das geschehen ist.

Verteilung der Kosten auf die Mieter

In der Betriebskostenabrechnung muss der Vermieter die Kosten, die für das Haus im Abrechnungsjahr entstanden sind, auf die einzelnen Wohnungen verteilen. Der zugrunde gelegte Abrechnungsmaßstab muss nachvollziehbar angegeben und erläutert sein.

Es gibt verschiedene Verteilerschlüssel. In der Praxis von Bedeutung sind insbesondere folgende:

- *Quadratmeter Wohnfläche:* Die Verteilung der Betriebskosten erfolgt nach Quadratmetern. Dies ist in der Praxis der häufigste Abrechnungsmaßstab; er wird vom Gesetzgeber bevorzugt.

- *Verbrauch:* Die verbrauchsabhängigen Betriebskosten wie Strom, Wasser oder Gas werden nach dem tatsächlichen Verbrauch der Mieter abgerechnet, was unzweifelhaft der gerechteste Maßstab ist.

- *Wohneinheit:* Hier zählt jede Wohnung gleich. Die Betriebskosten werden durch die Anzahl der Wohnungen geteilt, was gerecht ist, wenn alle Wohnungen nahezu gleich sind oder den gleichen Nutzen haben (z. B. Kabelgebühren).

- *Personenzahl:* Grundlage für die Verteilung der Betriebskosten ist hier die Anzahl der zum Haushalt des Mieters gehörenden Personen, was bei Betriebskosten wie z. B. Müllgebühren und Wasserverbrauch sicherlich gerecht ist.

Achtung: Wenn der Vermieter selbst im Haus wohnt, muss er sich selbstverständlich an den entstandenen Betriebskosten beteiligen und sich in die Kostenverteilung einbeziehen. Auch wenn eine Wohnung im Haus leer steht, muss der Vermieter die für diese Wohnung anfallenden Betriebskosten tragen.

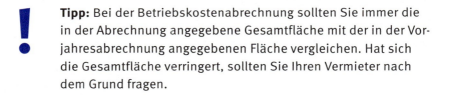

Tipp: Bei der Betriebskostenabrechnung sollten Sie immer die in der Abrechnung angegebene Gesamtfläche mit der in der Vorjahresabrechnung angegebenen Fläche vergleichen. Hat sich die Gesamtfläche verringert, sollten Sie Ihren Vermieter nach dem Grund fragen.

Abrechnungsmaßstab und Verteilerschlüssel

Welcher Abrechnungsmaßstab bzw. Verteilerschlüssel gilt, ergibt sich aus dem Mietvertrag. Dabei muss zwischen Alt- und Neuverträgen unterschieden werden.

- Bei Mietverhältnissen ab 1. 9. 2001 ist nach der Wohnfläche abzurechnen, wenn im Mietvertrag nichts geregelt ist. Sind Wasserzähler oder andere Messeinrichtungen vorhanden, die eine Verbrauchserfassung ermöglichen, muss der Vermieter verbrauchsabhängig abrechnen.

- War in einem Mietvertrag, der bis zum 31. 8. 2001 abgeschlossen wurde, keine mietvertragliche Regelung über den Verteilerschlüssel getroffen, durfte der Vermieter den Verteilerschlüssel für kalte Betriebskosten (Betriebskosten außer Heizung und Warmwasser) nach billigem Ermessen einseitig festlegen. Er durfte also zwischen den allgemein üblichen Abrechnungsmaßstäben (vgl. oben) wählen, war daran dann allerdings für die Zukunft gebunden. Bis zum genannten Zeitpunkt gewählte Maßstäbe gelten weiterhin.

Achtung: Die Kosten für Heizung und Warmwasser muss der Vermieter in jedem Fall verbrauchsabhängig abrechnen (vgl. dazu Kapitel 2.6). Die Vorschriften der Heizkostenverordnung gehen den mietvertraglichen Regelungen vor.

Wurde der Umlageschlüssel einmal festgelegt, kann ihn der Mieter nicht ohne Weiteres einseitig wieder ändern. Vermieter und Mieter können in diesem Fall aber einvernehmlich einen neuen Verteilerschlüssel festlegen. Und auch wenn der neue Abrechnungsmaßstab geeigneter ist, den Verbrauch oder die Kostenverursachung zu erfassen, kann eine Änderung erfolgen (z. B. weil der Vermieter Verbrauchszähler eingebaut hat).

Als Mieter müssen Sie gewisse Ungenauigkeiten bei der Verteilung der Nebenkosten in Kauf nehmen. Eine Änderung können Sie nur verlangen, wenn es zu einer »krassen Unbilligkeit« kommt. Grundsätzlich können Sie vom Vermieter auch nicht verlangen, dass er Wasserzähler einbauen lässt. Darüber entscheidet allein der Vermieter. Die Bauordnungen in verschiedenen Bundesländern verlangen allerdings mittlerweile, dass Neubauwohnungen von vornherein mit Wasserzählern ausgerüstet werden.

=== **Abrechnung muss übersichtlich und verständlich sein**

Die Gerichte verlangen für eine formell ordnungsgemäße Abrechnung, dass sie klar, übersichtlich und aus sich heraus verständlich sein muss. Das ist der Fall, wenn ein durchschnittlicher Mieter in der Lage ist, die Art des Verteilerschlüssels und der einzelnen Kostenpositionen zu erkennen und den auf ihn entfallenden Anteil an den Gesamtkosten rechnerisch nachzuprüfen. Wird die Abrechnung dem nicht gerecht, wird ein möglicher Nachzahlungsanspruch des Mieters gar nicht erst fällig.

Das Gebot zur nachvollziehbaren, klaren und übersichtlichen Abrechnung verpflichtet den Vermieter, seine Mindestangaben entsprechend zu erläutern. Denn nur dann ist es Ihnen möglich, die inhaltliche Richtigkeit und Plausibilität der Abrechnung zu prüfen, wenn die Grundlagen und Zusammenhänge der rechnerischen Bezugsgrößen und Einflussfaktoren dargestellt werden. Deshalb muss der Vermieter den Verteilerschlüssel im Einzelnen erläutern. Nicht unwesentliche Erhöhungen einzelner Kostenpositionen muss der Vermieter erklären. Und auch die Verbrauchswerte müssen dem Mieter auseinandergesetzt werden, wenn ein Vergleich mit der vorangegangenen Ablesung oder Erfassung eine erhebliche Abweichung zeigt.

2.5.2 Formelle Anforderungen

Der Vermieter muss schriftlich gegenüber allen Mietern abrechnen. Eine Originalunterschrift des Vermieters ist nicht zwingend erforderlich. Die Abrechnung kann auch mit dem gedruckten Namen des Absenders versehen werden. Die Abrechnung kann der Vermieter auch per E-Mail oder Fax versenden.

Der Abrechnung muss zu entnehmen sein, dass sie vom Vermieter erteilt wurde. Sie muss also dessen Namen enthalten oder erkennen lassen, dass sie in dessen Namen erstellt wurde.

2.6 Welche Besonderheiten bei Heiz- und Warmwasserkosten bestehen

Wenn vom Vermieter die Heiz- und Warmwasserversorgung durch eine zentrale Anlage erfolgt, muss er die dadurch entstehenden Kosten über die ergänzenden Vorschriften der Heizkostenverordnung abrechnen. Das hat insbesondere zur Folge, dass im Regelfall ein erheblicher Kostenanteil verbrauchsabhängig umgelegt werden muss.

Hat das Gebäude nicht mehr als zwei Wohnungen, von denen eine der Vermieter selbst bewohnt, können Vermieter und Mieter vereinbaren, dass von den Vorgaben der Heizkostenverordnung abgewichen wird. Und in folgenden Fällen gilt die Heizkostenverordnung nicht:

- in sogenannten Passivhäusern, in denen nur sehr wenig Heizenergie benötigt wird;

- wenn die Verbrauchserfassung technisch nicht möglich oder unverhältnismäßig hohe Kosten verursachen würde, die sich nicht innerhalb von zehn Jahren amortisieren;

- in Alters- Pflege-, Studenten- und Lehrlingsheimen;

- bei Wärmegewinnung durch Wärmepumpen- oder Solaranlagen oder Kraft-Wärme-Kopplung;

- in Räumen, die vor dem 1. 7. 1981 bezugsfertig geworden sind und in denen der Mieter den Wärmeverbrauch nicht beeinflussen kann;

- in Fällen ausdrücklicher behördlicher Befreiung.

! Prüfen Sie anhand der im Anhang 3 abgedruckten Checkliste des Deutschen Mieterbunds, ob bei Ihrer Heizkostenabrechnung die wesentlichen Vorschriften eingehalten wurden. Wenn Sie eine der dort genannten Fragen mit »Nein« beantwortet haben, sollten Sie die Abrechnung von Ihrem örtlichen Mieterverein prüfen lassen.

2.6.1 Erfassung des Verbrauchs

Der Vermieter ist verpflichtet, den anteiligen Verbrauch der Mieter an Wärme und Warmwasser zu erfassen. Er hat dazu die Räume mit Ausstattungen zur Verbrauchserfassung zu versehen. Als Mieter müssen Sie dies dulden. Will der Vermieter die Ausstattung zur Verbrauchserfassung mieten, so muss er Ihnen dies unter Angabe der dadurch entstehenden Kosten schriftlich mitteilen. Widerspricht innerhalb eines Monats die Mehrheit der Mieter, darf der Vermieter die Geräte nicht mieten.

Zur Erfassung des anteiligen Wärmeverbrauchs sind Wärmezähler oder Heizkostenverteiler, zur Erfassung des anteiligen Warmwasserverbrauchs Warmwasserzähler oder andere geeignete Ausstattungen zu verwenden.

2.6.2 Messung des Verbrauchs

Die Messvorrichtungen müssen ein Mal im Jahr zum Ende des jeweiligen Abrechnungszeitraums abgelesen werden. Im Regelfall erfolgt diese Ablesung durch Wärmemessdienste. Als Mieter sind Sie verpflichtet, der Ablesefirma den Zugang zu Ihrer Wohnung zu ermöglichen. Der Vermieter muss die Messung aber rechtzeitig (mindestens eine Woche vorher) ankündigen.

 Vor dem Termin sollten Sie die Werte selbst ablesen und notieren. So haben Sie die Möglichkeit, Ihr Ergebnis mit dem der Ablesefirma zu vergleichen. Der Vermieter soll dem Mieter das Ergebnis der Ablesung im Regelfall innerhalb eines Monats mitteilen.

2.6.3 Pflicht zur verbrauchsabhängigen Kostenverteilung

Der Vermieter hat die Kosten der Versorgung mit Wärme und Warmwasser auf der Grundlage der Verbrauchserfassung auf die einzelnen Mieter zu verteilen.

═══ Verteilerschlüssel

Die Gesamtkosten einer Wirtschaftseinheit werden in verbrauchsabhängige und verbrauchsunabhängige Kosten aufgeteilt. Die Heizkostenverordnung legt fest, dass mindestens 50 % und höchstens 70 % der Gesamtheizkosten nach Verbrauch abgerechnet werden müssen; der andere Teil (also 30 bis 50 %) wird nach Wohnfläche abgerechnet. Der verbrauchsabhängige Teil muss jedoch zwingend 70 % betragen, wenn es sich um ein Gebäude handelt, welches das Anforderungsniveau der Wärmeschutzverordnung vom 16. 8. 1994 nicht erfüllt und mit einer Öl- oder Gasheizung versorgt wird und ein Gebäude ist, in dem die freiliegenden Leitungen der Wärmeverteilung überwiegend gedämmt sind.

Vermieter und Mieter können im Mietvertrag vereinbaren, dass der verbrauchsabhängige Teil der Heiz- und Wärmekosten mehr als 70 % beträgt.

Verbrauchsschätzung

Fallen Messgeräte aus, sind sie defekt oder können aus anderen Gründen nicht abgelesen werden, ist der Verbrauch zu schätzen. Grundlage für die Schätzung kann der zeitgleich ermittelte Verbrauch vergleichbarer anderer Räume sein oder der Verbrauch in den betroffenen Räumlichkeiten in früheren Abrechnungszeiträumen. Schätzungen sind allerdings ausgeschlossen, wenn mehr als 25 % der gesamten Wohnfläche des Gebäudes geschätzt werden müssten.

Kürzungsrecht des Mieters

Als Mieter haben Sie Anspruch auf eine verbrauchsabhängige Abrechnung der Heiz- und Warmwasserkosten. Diesen Anspruch können Sie durch Klage geltend machen. Und Sie haben das Recht, den auf Sie entfallenden Anteil der Heiz- und Warmwasserkosten um 15 % zu kürzen. Dieses Recht des Mieters kann nicht durch den Mietvertrag ausgeschlossen werden.

Das Kürzungsrecht besteht u. a., wenn

- die Wohnung nicht mit Erfassungsgeräten ausgerüstet ist,

- Messgeräte zwar vorhanden, diese aber fehlerhaft montiert oder funktionsuntüchtig sind,

- der Vermieter, obwohl technisch möglich und vertraglich vorgesehen, bei einem Mieterwechsel keine Zwischenablesung durchgeführt hat.

2.7 Wann der Vermieter die Betriebskostenabrechnung vorlegen muss

Über die Betriebskosten muss der Vermieter jährlich abrechnen. Das heißt aber nicht, dass sich der Zeitraum, über den abzurechnen ist, mit dem Kalenderjahr decken muss. Der Abrechnungszeitraum muss aber ein Jahr umfassen. Über einen kürzeren Zeitraum darf der Vermieter nicht abrechnen.

2.7.1 Abrechnung innerhalb von zwölf Monaten

Der Vermieter hat zwölf Monate Zeit, über die Betriebskosten abzurechnen. Geht dem Mieter die Abrechnung später als ein Jahr nach Ende der Abrechnungsperiode zu, kann der Vermieter keine Nachzahlung mehr verlangen, es sei denn, er hat die Verzögerung nicht verschuldet.

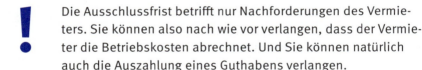

Die Ausschlussfrist betrifft nur Nachforderungen des Vermieters. Sie können also nach wie vor verlangen, dass der Vermieter die Betriebskosten abrechnet. Und Sie können natürlich auch die Auszahlung eines Guthabens verlangen.

Wenn die Frist, innerhalb derer der Vermieter abrechnen muss, abgelaufen ist, kommt der Vermieter mit der Abrechnung in Verzug. Ab diesem Zeitpunkt können Sie auf das sich ergebende Guthaben Verzugszinsen in Höhe von fünf Prozent über dem Basiszinssatz verlangen.

Es ist Sache Ihres Vermieters, zu beweisen, dass Ihnen die Betriebskostenabrechnung zugegangen ist. Dabei reicht es nicht aus, wenn er nur belegen kann, dass er sie zur Post gegeben hat. Maßgebend ist allein der rechtzeitige Zugang der Abrechnung bei Ihnen. Und den muss im Streitfall der Vermieter beweisen.

2.7.2 Fristüberschreitung nur in Ausnahmefällen erlaubt

Nachforderungen aus einer verspätet zugegangenen Abrechnung kann der Vermieter nur dann geltend machen, wenn er darlegen und beweisen kann, dass er die Verspätung nicht zu vertreten hat, wenn er also nichts dafürkann, dass er die Abrechnung nicht fristgemäß vorlegen konnte. Das ist etwa der Fall, wenn ihm Abrechnungen der Versorgungsunternehmen nicht vorliegen. Nicht entschuldigt ist der Vermieter dagegen für Nachlässigkeiten seines Hausverwalters oder der Messdienstfirma. Für ein Verschulden eines Unternehmens, das mit der Erstellung der Abrechnung beauftragt wurde, hat der Vermieter einzustehen.

Aber selbst wenn der Vermieter die Abrechnungsfrist unverschuldet nicht einhalten konnte, muss er sich beeilen. Will er seinen Anspruch, Nachforderungen gegenüber dem Mieter geltend zu machen, wahren, muss die Abrechnung dem Mieter im Regelfall innerhalb von drei Monaten, nachdem das Abrechnungshindernis weggefallen ist, zugehen.

 Haben Sie, weil Sie die gesetzliche Ausschlussfrist nicht kannten, trotz Verspätung des Vermieters die Betriebskostennachforderung beglichen, können Sie den versehentlich gezahlten Betrag innerhalb von drei Jahren nach Entdecken Ihres Irrtums vom Vermieter zurückverlangen.

Wenn der Vermieter nach Ablauf der Jahresfrist die Betriebskosten nicht abrechnet, können Sie ihn verklagen. Vorher sollten Sie ihn in nachweisbarer Form zur Abrechnung auffordern und ihm dafür eine angemessene Frist (nicht unter zwei Wochen) einräumen.

 Zur Unterstützung Ihrer Forderung, die Betriebskosten abzurechnen, können Sie die aktuell fälligen Betriebskostenvorauszahlungen einbehalten. Teilen Sie das aber dem Vermieter zuvor mit.

2.7.3 Verjährungsfrist beträgt drei Jahre

Ansprüche aus vorgelegten Nebenkostenabrechnungen verjähren nach drei Jahren. Das gilt sowohl für Nachforderungen des Vermieters als auch für Forderungen des Mieters. Die Verjährungsfrist beginnt am Ende des Jahres zu laufen, in dem die Abrechnung beim Mieter eintrifft.

Auch der Anspruch auf Vorlage einer Betriebskostenabrechnung verjährt nach drei Jahren. Hier beginnt die Verjährungsfrist zwölf Monate nach Ende des Abrechnungszeitraums zu laufen.

Beispiel: Abrechnungszeitraum ist der 1.1. bis 31. 12. 2013. Bis zum 31. 12. 2014 müsste die Abrechnung beim Mieter eingegangen sein. Die Verjährungsfrist beginnt mit dem Ablauf des Jahres 2014. Mit Beginn des Jahres 2018 tritt Verjährung ein.

2.8 Wie Sie die Betriebskostenabrechnung überprüfen sollten

Überprüfen Sie die Ihnen vorgelegte Betriebskostenabrechnung auf Herz und Nieren. Eine konkrete Frist, die Ihnen dafür zur Verfügung steht, gibt es nicht. Es wird allgemein von einer Frist von bis zu vier Wochen ausgegangen. Dieser Zeitraum dürfte ausreichen, dass Sie die Abrechnung entweder selbst prüfen oder rechtliche Informationen (z. B. vom örtlichen Mieterverein) einholen. Danach können Sie dann gegebenenfalls Einwendungen gegen die Abrechnung erheben.

Tipp: Leisten Sie auf keinen Fall vor einer genauen Prüfung der Abrechnung Nachzahlungen an den Vermieter. Und verlangen Sie auch nicht die Auszahlung eines etwaigen Guthabens. Sie gehen damit einem möglichen Vorwurf des Vermieters aus dem Weg, dass Sie durch Nachzahlung oder Entgegennahme des Guthabens die Betriebskostenabrechnung anerkannt haben.

Prüfen Sie anhand der im Anhang 4 abgedruckten Checkliste des Deutschen Mieterbunds, ob bei Ihrer Betriebskostenabrechnung die wesentlichen Vorschriften eingehalten wurden. Wenn Sie eine der dort genannten Fragen mit »Nein« beantwortet haben, ist Ihre Abrechnung möglicherweise fehlerhaft. Wegen Ihrer Rechte ist in diesem Fall zwischen einer formell fehlerhaften Abrechnung und inhaltlichen Fehlern zu unterscheiden.

2.8.1 Formelle Fehler

Die formell fehlerhafte Abrechnung ist unwirksam. Auf Ihrer Grundlage kann der Vermieter keine Nachforderungen geltend machen. Er muss Ihnen eine neue Abrechnung vorlegen. Allerdings kann er nach Ablauf der zwölfmonatigen Abrechnungsfrist formelle Fehler nicht mehr korrigieren.

Tipp: Ist die Betriebskostenabrechnung des Vermieters formell unwirksam, sollten Sie Fehler erst nach Ablauf der Ausschlussfrist beanstanden.

Beispiel: In folgenden Fällen liegt ein formeller Fehler vor:

- In der Betriebskostenabrechnung fehlen die notwendigen Mindestangaben (vgl. dazu Kapitel 2.5.1).
- Der auf den Mieter entfallende Kostenanteil ist nicht berechnet.
- Der Abrechnungszeitraum ist länger als zwölf Monate.
- Es ist aus der Abrechnung nicht zu entnehmen, mit welchem Verteilerschlüssel der Vermieter gerechnet hat.
- Die einzelnen Rechnungsschritte in der Abrechnung sind nicht nachvollziehbar.

2.8.2 Inhaltliche Fehler

Eine inhaltlich falsche Abrechnung kann der Vermieter unter Umständen auch noch nach Ablauf der Abrechnungsfrist korrigieren.

Beispiel: In folgenden Fällen liegt ein inhaltlicher Fehler vor:

- Als Verteilerschlüssel wurde nicht der im Mietvertrag vereinbarte Umlageschlüssel verwendet.
- Die Flächenangaben entsprechen nicht denen des Vorjahres.
- Die in der Abrechnung angegebenen Vorauszahlungsbeträge sind falsch.
- Die Aufteilung der Versicherungskosten ist falsch.
- Der Ablesetag (z. B. bei den Heizkosten oder Wasserkosten) ist unrichtig angegeben.

2.8.3 Einsichtsrecht des Mieters

Zur weiteren Überprüfung der Betriebskostenabrechnung sind Sie berechtigt, die Originalbelege einzusehen. Ihr Einsichtsrecht erstreckt sich unter anderem auf Versicherungspolicen, Ableseprotokolle, Wasserabrechnungen des Versorgers, den Grundsteuerbescheid oder die Bescheide für Straßenreinigungs- und Müllgebühren. Verweigert der Vermieter die Einsicht, können Sie eine vom Vermieter geforderte Nachzahlung verweigern.

Grundsätzlich ist der Vermieter verpflichtet, die Belege in seinem Büro oder im Büro seines Verwalters offenzulegen. Sie sind berechtigt, eine Person Ihres Vertrauens oder eine rechtskundige Person (zum Beispiel des Mietervereins) zur Belegeinsicht und zur Prüfung mitzunehmen.

Mieter preisgebundener Sozialwohnungen sind berechtigt, Kopien der Unterlagen zu verlangen. Ein entsprechender Anspruch steht Mietern im freien Wohnungsbau dagegen grundsätzlich nicht zu. Nur wenn dem Mieter die Einsichtnahme in den Räumen des Vermieters nicht zuzumuten ist (zum Beispiel wegen einer Gehbehinderung), kann er ausnahmsweise die Zusendung von Kopien verlangen. Das gilt auch, wenn die Mietwohnung vom Sitz des Vermieters relativ weit entfernt ist. Der Vermieter muss die Kopien allerdings nicht unentgeltlich zusenden. Er kann dem Mieter seine angemessenen Kosten in Rechnung stellen.

2.8.4 Betriebskostenspiegel und Heizspiegel des Deutschen Mieterbundes

Mit dem Betriebskostenspiegel und dem Heizspiegel des Deutschen Mieterbundes haben Sie die Möglichkeit, die für Ihre Wohnung anfallenden Betriebskosten und Heizkosten zu vergleichen und aufgrund deutlicher Abweichungen fachlichen Rat einzuholen.

Betriebskostenspiegel

Jedes Jahr veröffentlicht der Deutsche Mieterbund einen Betriebskostenspiegel für einzelne Abrechnungsjahre, der es erlaubt, die jeweiligen Betriebskosten für Ihre Wohnung mit anderen zu vergleichen. Gleichzeitig liefert der Betriebskostenspiegel für Sie Anhaltspunkte, um Ihre Abrechnung nach Wirtschaftlichkeitsgesichtspunkten überprüfen zu können.

Folgende kalten Betriebskosten werden aktuell auf der Grundlage der Abrechnungsdaten des Jahres 2012 in Deutschland erhoben:

Grundsteuer	0,19 €/m²
Wasser inkl. Abwasser	0,35 €/m²
Aufzug	0,16 €/m²
Straßenreinigung	0,03 €/m²
Müllbeseitigung	0,16 €/m²
Gebäudereinigung	0,16 €/m²
Gartenpflege	0,09 €/m²
Allgemein-Strom	0,05 €/m²
Schornsteinreinigung	0,03 €/m²
Versicherung	0,15 €/m²
Hauswart	0,21 €/m²
Antenne / Kabel	0,14 €/m²
Sonstige kalte Betriebskosten	0,04 €/m²

Den jeweils aktuellen Betriebskostenspiegel des Deutschen Mieterbundes finden Sie unter www.mieterbund.de.

Achtung: Mithilfe des Betriebskostenspiegels können keine verbindlichen Überprüfungen der Abrechnungen oder der einzelnen Kostenhöhen durchgeführt werden. Abweichungen von den Durchschnittswerten des Betriebskostenspiegels können aber für den Mieter oder den Rechtsberater des Mietervereins Anlass sein, einzelne Kostenpositionen genauer zu überprüfen. Das gilt insbesondere dann, wenn die Abrechnung Werte ausweist, die deutlich über den Daten des Betriebskostenspiegels liegen.

Heizkostenspiegel

Zusammen mit co2online gGmbH erstellt der Deutsche Mieterbund einen bundesweiten Heizspiegel. Der Heizspiegel soll Mietern und Eigentümern dabei helfen, den Heizenergieverbrauch von Gebäuden und die Heizkosten zu vergleichen und zu bewerten. Er enthält den durchschnittlichen Verbrauch, die Durchschnittskosten und die durch das Heizen entstehenden CO_2-Emissionen für unterschiedlich große Wohngebäude. Im Heizspiegel wird nach Energieart – Öl, Erdgas oder Fernwärme – unterschieden sowie nach den vier Verbrauchskategorien: niedrig, mittel, erhöht und zu hoch.

Den jeweils aktuellen Heizspiegel finden Sie unter: www.mieterbund.de.

2.9 Was Sie tun müssen, wenn Sie mit der Abrechnung nicht einverstanden sind

Einwendungen gegen die Abrechnung der Betriebskosten müssen Sie spätestens bis zum Ablauf des zwölften Monats nach Zugang der Abrechnung mitteilen. Danach können Sie Einwendungen grundsätzlich nicht mehr geltend machen. Innerhalb von zwölf Monaten müssen Sie also geltend machen, dass z. B. einzelne Kosten nicht umlegbar oder Kosten fehlerhaft berechnet sind. Die Zwölfmonatsfrist gilt auch, wenn für bestimmte Betriebskosten nach dem Mietvertrag eine Pauschale vereinbart ist, der Vermieter hierüber aber abrechnet.

Ausnahmsweise können Sie Einwendungen gegen die Betriebskostenabrechnung auch noch nach Ablauf von zwölf Monaten geltend machen, wenn Sie die verspäteten Einwendungen nicht zu vertreten haben. Das ist z. B. der Fall, wenn Sie schwer erkrankt sind oder wenn Ihnen der Vermieter die Einsicht in die Abrechnungsunterlagen verwehrt hat.

 Die Zwölfmonatsfrist gilt auch dann nicht, wenn der Vermieter dem Mieter nicht umlagefähige Betriebskosten in Rechnung stellt. Legt also z. B. der Vermieter die Kosten einer Rechtsschutzversicherung auf den Mieter um, kann dieser die Kosten auch noch nach Ablauf des Jahres zurückfordern.

2.10 Wann Betriebskosten steuerlich geltend gemacht werden können

Für haushaltsnahe Dienstleistungen gewährt der Staat eine Steuerermäßigung. So kann z. B. die Rechnung für eine Reinigungsfirma von der Steuer abgesetzt werden. Auch Mieter können Kosten absetzen, die ihnen vom Eigentümer über die Betriebskostenabrechnung in Rechnung gestellt werden. Das sind beispielsweise Hausmeisterkosten, Kosten der Treppenhausreinigung, der Straßen- und Gehwegreinigung, des Winterdienstes, der Pflege der Außenanlagen oder Kosten für Wartungsarbeiten (z. B. am Aufzug oder an Warmwassergeräten). Der Anteil dieser Kosten muss aus der Betriebskostenabrechnung herausgerechnet werden.

Für das Finanzamt muss ersichtlich sein, welche begünstigten Aufwendungen vorliegen und welcher Anteil auf die Mietwohnung entfällt. Steuerlich berücksichtigt werden nur die Personalkosten, nicht die Materialkosten. Über den von ihm zu tragenden Anteil muss der Mieter eine Bestätigung des Vermieters vorlegen. Darin sind die Aufwendungen für die Personal- und Materialkosten getrennt aufzuführen.

Insgesamt 20 % der Arbeitskosten aus haushaltsnahen Dienstleistungen, höchstens € 4 000,–, können jährlich von der Einkommensteuer abgezogen werden.

 Beispiel: Würde der Arbeitskostenanteil für Gartenpflege, Hausreinigung usw. € 5 000,– jährlich betragen, könnten Sie € 1 000,– von Ihrer Steuerschuld abziehen.

Frist für die Abgabe der Steuererklärung ist der 31. 5. eines Jahres, sofern kein Steuerberater mitwirkt. Häufig hat der Vermieter zu diesem Zeitpunkt noch nicht über die Mietnebenkosten abgerechnet. Sie können die Kosten aber auch noch für das Jahr, in dem Sie die Nebenkostenabrechnung erhalten, geltend machen. Sie können also die im Jahr 2013 entstandenen Betriebskosten, die 2014 abgerechnet wurden, in der Steuererklärung für 2014 angeben, die Sie spätestens am 31. 5. 2015 abgeben müssen.

3 Wohngeld – Finanzielle Unterstützung vom Staat

Wohnen kostet Geld. Gesetzlich haben Sie einen Anspruch auf eine angemessene und familiengerechte Wohnung. Wenn Sie sich diese aus eigener Kraft finanziell nicht leisten können, bekommen Sie Wohngeld. Wenn Sie die gesetzlichen Voraussetzungen erfüllen, haben Sie darauf einen Rechtsanspruch. Wohngeld wird als Zuschuss gezahlt.

3.1 Wer Wohngeld bekommt

Wohngeld erhalten alle Personen, die Wohnraum gemietet haben und ihn selbst nutzen. Keine Rolle spielt, ob die Wohnung öffentlich gefördert oder frei finanziert wurde, ob sie einer Genossenschaft, einer Gemeinde, einer Wohnungsgesellschaft oder einem privaten Vermieter gehört.

Vom Wohngeld ausgeschlossen sind Empfänger von sogenannten Transferleistungen. Allerdings wirkt sich der Ausschluss für diesen Personenkreis nicht nachteilig aus, weil deren angemessene Unterkunftskosten im Rahmen der jeweiligen Transferleistung berücksichtigt werden. Kein Wohngeld erhalten Sie u. a., wenn Sie

- Arbeitslosengeld II und Sozialgeld,

- Grundsicherung im Alter und bei Erwerbsminderung,

- Hilfe zum Lebensunterhalt,

- ergänzende Hilfe zum Lebensunterhalt oder andere Hilfen in einer stationären Einrichtung, die den Lebensunterhalt umfassen, nach dem Bundesversorgungsgesetz

empfangen und bei der Leistungsberechnung bzw. der zugrunde liegenden Leistungsberechnung Kosten der Unterkunft berücksichtigt worden sind.

Achtung: Der Ausschluss von Wohngeld besteht allerdings nicht, wenn ein Antrag auf eine Transferleistung nicht gestellt oder ein schon gestellter Antrag zurückgenommen wurde.

Zum vom Wohngeld ausgeschlossenen Personenkreis gehören auch Mitglieder einer Bedarfsgemeinschaft, eines Empfängers des Arbeitslosengeldes II oder eines Sozialhilfeempfängers. Ebenfalls kein Wohngeld erhalten Haushalte, bei denen alle Mitglieder dem Grunde nach Anspruch auf Leistungen nach dem Bundesausbildungsförderungsgesetz (BAföG) haben.

3.2 Wann und in welcher Höhe Wohngeld gezahlt wird

Ob Anspruch auf Wohngeld besteht und wenn ja, in welcher Höhe, hängt von folgenden Faktoren ab:

- von der Anzahl der zu Ihrem Haushalt gehörenden Familienmitglieder,

- von der Höhe des Gesamteinkommens und

- von der Höhe der zuschussfähigen Miete.

3.2.1 Welche Haushaltsmitglieder berücksichtigt werden

Die Höhe des Wohngelds hängt zunächst von der Haushaltsgröße, also der Zahl der in Ihrem Haushalt lebenden Familienmitglieder ab. Haushaltsmitglied ist die wohngeldberechtigte Person (vgl. oben), ferner u. a.

- der Ehegatte eines Haushaltsmitglieds,

- der eingetragene Lebenspartner eines Haushaltsmitglieds,

- Eltern und Kinder (auch Adoptiv- und Stiefkinder eines Haushaltsmitglieds),

- Geschwister, Onkel, Tanten, Schwiegereltern, Schwiegerkinder, Schwager und Schwägerin,

- Pflegekinder und Pflegeeltern eines Haushaltsmitglieds.

Nur zum Haushalt zugehörige Familienmitglieder können bei der Bewilligung von Wohngeld berücksichtigt werden. Das ist der Fall, wenn sie mit der wohngeldberechtigten Person in einem gemeinsamen Haushalt leben, das heißt eine Wohn- und Wirtschaftsgemeinschaft führen. Die Familienmitglieder müssen also den Wohnraum gemeinsam bewohnen und sich ganz oder teilweise gemeinsam mit dem täglichen Lebensbedarf versorgen.

Bei der Wohngeldberechnung werden aber nur Familienangehörige berücksichtigt, die auch Anspruch auf Leistung haben. Und das ist bei Personen, die Anspruch auf Transferleistungen haben, nicht der Fall (vgl. oben).

 Beispiel: A wohnt mit seinem Vater, der Arbeitslosengeld II bezieht, in einer Wohnung zusammen. Bei der Wohngeldberechnung wird nur A berücksichtigt. Für den Mietanteil seines Vaters kommt die Agentur für Arbeit auf.

Familienmitglieder rechnen auch dann zum Haushalt, wenn sie vorübergehend abwesend sind (z. B. im Krankenhaus liegen), der Familienhaushalt aber auch während ihrer Abwesenheit Mittelpunkt ihrer Lebensbeziehungen bleibt. Auszubildende und Studenten zählen also dann noch zum Familienhaushalt, wenn sie zwar nicht mehr zu Hause wohnen, sie aber in ihrer Lebenshaltung überwiegend von anderen zum Haushalt rechnenden Familienmitgliedern unterstützt werden.

Nicht zum Haushalt des Wohngeldberechtigten zählt dessen getrennt lebender Ehegatte oder eingetragener Lebenspartner. Nicht von Bedeutung ist, dass beide Eheleute oder Lebenspartner noch in derselben Wohnung leben.

3.2.2 Wie hoch Ihr Gesamteinkommen sein darf

Ausgangspunkt für die Berechnung des Wohngelds ist Ihr anrechenbares jährliches Haushaltseinkommen. Das besteht aus sämtlichen Einkünften im Sinne des Einkommensteuerrechts, die alle Haushaltsmitglieder (vgl. oben) innerhalb eines Jahres erwirtschaften, z. B. Löhne, Gehälter, Urlaubs- und Weihnachtsgeld, Kapitaleinkünfte, soweit sie € 100,– übersteigen, und Mieteinnahmen. Das Kindergeld wird bei der Einkommensermittlung nicht berücksichtigt.

Vom Gesamteinkommen können bestimmte Beträge abgesetzt werden:

═══ Abziehbare Werbungskosten

Als Arbeitnehmer können Sie von Ihren Einkünften aus nicht selbstständiger Arbeit als Werbungskosten mindestens pauschal € 1 000,– abziehen. Wenn Sie höhere Werbungskosten geltend machen wollen, müssen Sie diese im Einzelnen nachweisen.

═══ Abziehbare Freibeträge

Von jedem einzelnen Einkommen ist eine Pauschale abzuziehen: Der pauschale Abzug beträgt mindestens 6 % (z. B. für eine Person, die Arbeitslosengeld bezieht).

- 10 % sind bei Familienmitgliedern abzuziehen, die Pflichtbeiträge zur gesetzlichen Krankenversicherung und Pflegeversicherung *oder* zur gesetzlichen Rentenversicherung leisten oder Steuern vom Einkommen entrichten.

- 20 % sind bei jedem zu berücksichtigenden Haushaltsmitglied abzuziehen, das Pflichtbeiträge zur gesetzlichen Kranken- und Pflegeversicherung *und* zur gesetzlichen Rentenversicherung entrichtet.

- Die höchste Pauschale von 30 % können Haushaltsmitglieder abziehen, deren Einkommen voll steuer- und sozialversicherungspflichtig ist.

Neben diesen pauschalen Freibeträgen werden bei der Ermittlung des Einkommens auch noch gesonderte Freibeträge für bestimmte Personengruppen gewährt:

- € 1 500,– jährlich für jeden schwerbehinderten Menschen mit einem Grad der Behinderung von 100 oder von wenigstens 80, wenn die schwerbehinderte Person häuslich pflegebedürftig ist, bzw. € 1 200,– jährlich bei einem Grad der Behinderung von unter 80 bei häuslicher Pflegebedürftigkeit.

- € 600,– jährlich für jedes Kind unter 12 Jahren, für das Kindergeld gewährt wird, wenn der Antragsberechtigte allein mit Kindern zusammenwohnt und wegen Erwerbstätigkeit oder Ausbildung nicht nur kurzfristig vom Haushalt abwesend ist.

- Ein Betrag in Höhe des eigenen Einkommens jedes Kindes eines Haushaltsmitglieds, höchstens jedoch € 600,– jährlich, soweit ein zum Haushalt rechnendes Kind eigenes Einkommen hat und das 16., aber noch nicht das 25. Lebensjahr vollendet hat.

Abziehbare Unterhaltsleistungen

Schließlich können auch gesetzliche Unterhaltsleistungen vom Jahreseinkommen abgezogen werden, sofern sie in einer notariell beurkundeten Unterhaltsvereinbarung, einem Unterhaltstitel oder Unterhaltsbescheid festgelegt sind. Wenn eine solche Urkunde fehlt, können zu erwartende Unterhaltsleistungen in folgender Höhe abgezogen werden:

- bis zu € 3 000,– jährlich für ein zu berücksichtigendes Haushaltsmitglied, das auswärts wohnt und sich in Berufsausbildung befindet,

- bis zu € 3 000,– jährlich für ein Kind, für das getrennt lebende Ehegatten das gemeinsame Sorgerecht haben, soweit der Unterhalt an das Kind als Haushaltsmitglied des anderen Elternteils geleistet wird,

- bis zu € 6 000,– jährlich für den nicht zum Haushalt rechnenden geschiedenen Ehe- oder Lebenspartner,

- bis zu € 3 000,– jährlich für eine sonstige nicht zum Haushalt rechnende Person.

Übersicht über die Grenzen des monatlichen Gesamteinkommens

Die nachfolgende Übersicht zeigt die sich nach der Anzahl der zu berücksichtigenden Haushaltsmitglieder ergebenden Grenzen des monatlichen Gesamteinkommens für Wohnungen in Gemeinden der Mietenstufe VI (zur Mietenstufe vgl. unten). Bei Überschreitung dieser Grenzen besteht kein Anspruch auf Wohngeld. Bei Gemeinden der Mietenstufen I bis V ergeben sich niedrigere Grenzen des Gesamteinkommens.

Wenn Sie allerdings absetzbare Beträge geltend machen können (Werbungskosten oder Freibeträge, siehe oben), können die zugelassenen Bruttoeinkommen entsprechend höher sein, ohne dass dadurch die Grenze des jeweiligen Gesamteinkommens überschritten wird.

Übersicht über Einkommensgrenzen für die ab 1. 1. 1992 bezugsfertig gewordenen Wohnungen in Gemeinden der Mietenstufe VI					
Zahl der zum Haushalt rechnenden Familienmitglieder	Grenze für das monatliche Gesamteinkommen nach den Wohngeldtabellen (in Euro)	Entsprechendes monatliches Bruttoeinkommen (ohne Kindergeld) bei einem Verdiener vor einem pauschalen Abzug von ... (in Euro)			
		6 %	10 %	20 %	30 %
1	860	915	956	1.075	1.229
2	1.170	1.245	1.300	1.463	1.671
3	1.430	1.521	1.589	1.788	2.043
4	1.880	2.000	2.089	2.350	2.686

5	2.150	2.287	2.389	2.688	3.071
6	2.410	2.564	2.678	3.013	3.433
7	2.680	2.851	2.978	3.350	3.829
8	2.940	3.128	3.267	3.675	4.200

3.2.3 Welche Miete zuschussfähig ist

Die Höhe des Wohngeldes richtet sich auch nach der Höhe der zu-schussfähigen Miete bzw. Belastung. Zur Miete gehören auch die Kosten des Wasserverbrauchs, der Abwasser- und Müllbeseitigung sowie der Treppenbeleuchtung. Diese Kosten können der Miete auch dann zugeschlagen werden, wenn sie aufgrund des Mietvertrags nicht an den Vermieter, sondern direkt an einen Dritten (z. B. die Gemeinde) bezahlt werden. Nicht zur Miete gehören u. a. die Kosten des Betriebs zentraler Heizungs- und Warmwasserversorgungsanlagen sowie zentraler Brennstoffversorgungsanlagen, Vergütungen für die Überlassung von Möbeln, Kühlschränken und Waschmaschinen und Vergütungen für die Überlassung einer Garage oder eines Stellplatzes.

Wohngeld wird aber nicht für unangemessen hohe Wohnkosten geleistet. Die Miete ist nur bis zu bestimmten Höchstbeträgen zu-schussfähig. Bis zu welcher Höhe die Miete in die Wohngeldrechnung einfließt, bestimmt die nachfolgende Höchstbetragstabelle. Die darin genannten Höchstgrenzen richten sich nach der Familiengröße, dem Mietniveau, der Art, dem Alter und der Ausstattung der Wohnung.

Die Mieten sind innerhalb Deutschlands unterschiedlich hoch. Deshalb sind die Miethöchstbeträge regional gestaffelt, z. B. in München und Stuttgart höher als in Bayreuth und Heidelberg. Die Staffelung wird mit sechs Mietenstufen erreicht. Bei Mietenstufe III entsprechen die Mieten einer Gemeinde ungefähr dem Bundesdurchschnitt. Bei den Mietenstufen I und II liegen die Mieten unterhalb, bei den Mietenstufen IV bis VI oberhalb des Bundesdurchschnitts.

Die Mietenstufe Ihres Wohnorts können Sie bei der für Sie zuständigen Wohngeldstelle (vgl. unten) oder beim örtlichen Mieterverein erfragen. Sie finden Sie auch in der Wohngeldverordnung im Internet unter www.gesetze-im-internet.de.

Höchstbeträge für Miete		
Anzahl der zu berück-sichtigenden Haushalts-mitglieder	**Mietenstufe**	**Höchstbetrag in Euro**
1	I	292
	II	308
	III	330
	IV	358
	V	385
	VI	407
2	I	352
	II	380
	III	402
	IV	435
	V	468
	VI	501
3	I	424
	II	451
	III	479
	IV	517
	V	556
	VI	594
4	I	490
	II	523
	III	556
	IV	600
	V	649
	VI	693

5	I	561
	II	600
	III	638
	IV	688
	V	737
	VI	787
Mehrbetrag für jedes weitere zu berücksichtigende Haushaltsmitglied	I	66
	II	72
	III	77
	IV	83
	V	88
	VI	99

Beispiel: Ein Alleinstehender bewohnt eine Wohnung, die in einer Gemeinde liegt, die der Mietenstufe III angehört. Er zahlt eine monatliche Bruttokaltmiete von 310,– €. Der Höchstbetrag der zuschussfähigen Miete liegt bei 330,– € und damit über der von ihm zu zahlenden monatlichen Miete. Bei der Wohngeldleistung wird daher nur die tatsächlich zu zahlende Miete von 310,– € berücksichtigt. Für eine gleichartige Wohnung in demselben Ort zahlt ein Alleinstehender 360,– € Bruttokaltmiete. In diesem Fall wird bei der Ermittlung des Wohngelds nur der Höchstbetrag für die zuschussfähige Miete in Höhe von 330,– € berücksichtigt.

3.2.4 Wie hoch das Wohngeld ist

Wenn die Haushaltsgröße, das Haushaltseinkommen und die Mietenstufe der Gemeinde, in der Sie wohnen, feststehen, kann aus der Wohngeldtabelle, die Sie bei Ihrer örtlichen Wohngeldstelle einsehen können, abgelesen werden, wie hoch Ihr Mietzuschuss ist. In dieser Wohngeldtabelle sind die monatlichen Haushaltseinkommen und die berücksichtigungsfähigen Mieten gegenübergestellt. Liegt

Ihr Einkommen über der für Ihre Mietenstufe geltenden Einkommensgrenze, können Sie kein Wohngeld bekommen.

Beispiel: Das nachfolgende Beispiel ist der Broschüre »Wohngeld 2014« des Bundesministeriums für Verkehr, Bau und Stadtentwicklung entnommen: Ein Ehepaar mit einem Kind beantragt Wohngeld. Der Ehemann ist Arbeitnehmer. Sein Brutto-Monatseinkommen (ohne Kindergeld) beträgt 1 800,– €. Er entrichtet Pflichtbeiträge zur gesetzlichen Kranken- und Pflegeversicherung und zur gesetzlichen Rentenversicherung sowie Einkommensteuer. Die zu entrichtende Bruttokaltmiete beträgt 455,– €. Die Familie wohnt in einer Gemeinde der Mietenstufe III.

Brutto-Monatseinkommen	€ 1 800,00
./. Werbungskostenpauschale	€ 83,33
	€ 1 716,67
./. 30 % (pauschaler Abzug)	€ 515,00
monatliches Gesamteinkommen	**€ 1 201,67**
zu zahlende Brutto-Kaltmiete	€ 455,00
Höchstbetrag in der Mietenstufe III	€ 479,00
zu berücksichtigende Miete	€ 455,00
Mietzuschuss monatlich	**€ 62,00**

Der Mietzuschuss von € 62,– ergibt sich aus der Wohngeldtabelle für drei zu berücksichtigende Haushaltsmitglieder bei einem monatlichen Gesamteinkommen von mehr als 1 200,– bis € 1 210,–.

Die Mitarbeiter der örtlichen Wohngeldstellen sind verpflichtet, Sie über Ihre Rechte und Pflichten aufzuklären. Bei der Behörde können Sie auch die geltende Mietenstufe und die Höhe der zuschussfähigen Miete erfragen und die Wohngeldtabelle einsehen. Nähere Informationen über das geltende Wohngeldrecht finden Sie auch im Internet unter www.bmvbs.de.

3.3 Bei welcher Stelle Sie Wohngeld beantragen müssen

Wenn Sie Wohngeld wollen, müssen Sie einen Antrag bei der zuständigen Wohngeldstelle Ihrer Gemeinde-, Stadt- oder Kreisverwaltung stellen. Dort erhalten Sie auch die entsprechenden Antragsformulare. Im Regelfall muss der Antrag vom Haushaltsvorstand gestellt werden.

> Ihr Anspruch auf Wohngeld entsteht erst in dem Monat der Antragstellung. Sie verschenken also womöglich jeden Monat bares Geld, in dem Sie Wohngeld nicht beantragen. Dabei ist ausreichend, dass Sie bei der zuständigen Wohngeldstelle einen formlosen Antrag stellen. Von der Wohngeldstelle erhalten Sie dann ein förmliches Antragsformular, das Sie innerhalb der gesetzten Frist zurücksenden müssen.

Über Ihren Anspruch auf Wohngeld entscheidet die Behörde durch den sogenannten Wohngeldbescheid. Wird darin Ihrem Antrag entsprochen, wird das Wohngeld im Regelfall für zwölf Monate bewilligt. Das Wohngeld wird in der Regel im Voraus gezahlt. Es soll monatlich oder für jeweils zwei Monate gezahlt werden. Wohngeld kann ausnahmsweise auch rückwirkend bewilligt werden, wenn die zu berücksichtigende Miete bzw. Belastung rückwirkend um mehr als 15 % erhöht wurde, ohne dass die zum Haushalt zählenden Familienmitglieder dies zu vertreten haben.

Wenn ein Anspruch auf Wohngeld dem Grunde nach besteht, jedoch von der Behörde über die Höhe des Wohngelds noch nicht entschieden werden kann (weil z. B. noch bestimmte Unterlagen nicht vorliegen), kann die Behörde einen Vorschuss an den Wohngeldempfänger zahlen, wenn für die Feststellung der Höhe des Wohngelds voraussichtlich längere Zeit erforderlich ist. Einen solchen Vorschuss können Sie auch bei der Behörde beantragen.

Wenn Sie mit dem erteilten Wohngeldbescheid nicht einverstanden sind und ihn für unrichtig halten, können Sie dagegen vorgehen. Die Behörde muss dem Bescheid eine Rechtsbehelfsbelehrung beifügen. Dieser können Sie entnehmen, innerhalb welcher Frist und bei welcher Stelle Sie Ihren Widerspruch einlegen können.

Im Regelfall bleibt das Wohngeld während des Bewilligungszeitraums unverändert. Sie können während dieses Zeitraums eine Erhöhung des Wohngelds beantragen, wenn sich die Zahl der zum Haushalt rechnenden Familienmitglieder erhöht, sich Ihre zu berücksichtigende Miete um mehr als 15 % erhöht oder sich Ihr Gesamteinkommen um mehr als 15 % verringert und diese Veränderungen zu einer Erhöhung des Wohngelds führen.

4 Mieterhöhung auf die »ortsübliche Vergleichsmiete«

Der Vermieter darf unter bestimmten Voraussetzungen im laufenden Mietverhältnis die vereinbarte Miete auf die ortsübliche Vergleichsmiete erhöhen. Als Mieter müssen Sie hierfür Ihre Zustimmung erteilen. Stimmen Sie der Mieterhöhung nicht zu, bleibt dem Vermieter nichts anderes übrig, als Sie auf Zustimmung zu verklagen. Die Klage hat allerdings nur Erfolg, wenn die Voraussetzungen für eine Mieterhöhung vorliegen und der Vermieter bestimmte Formen und Fristen eingehalten hat. In keinem Fall darf der Vermieter zum Zweck der Mieterhöhung das Mietverhältnis kündigen. Andererseits räumt Ihnen das Gesetz bei einer zulässigen Mieterhöhung ein Sonderkündigungsrecht ein.

4.1 Wenn der Vermieter mehr Miete verlangt

Der Vermieter kann von Ihnen die Zustimmung zur Mieterhöhung auf die ortsübliche Vergleichsmiete nur verlangen, wenn folgende Voraussetzungen erfüllt sind:

- Die Mieterhöhung darf nicht durch eine Vereinbarung ausgeschlossen sein.

- Die bisherige Miete muss seit mindestens einem Jahr unverändert sein.

- Die vom Vermieter geforderte Miete darf die ortsübliche Vergleichsmiete nicht übersteigen.

- Die Miete darf sich innerhalb von drei Jahren nicht um mehr als 20 % erhöhen.

- Das Mieterhöhungsverlangen muss vom richtigen Vermieter an den richtigen Mieter gerichtet sein.

- Der Vermieter muss die Mieterhöhung in Textform begründen.

- Sie müssen der Mieterhöhung zustimmen oder gerichtlich zur Zustimmung verurteilt werden.

Die einzelnen Voraussetzungen für die Erhöhung der Miete auf die ortsübliche Vergleichsmiete, die im Folgenden ausführlich dargelegt werden, sind in der Checkliste des Deutschen Mieterbundes im Anhang 5 nochmals zusammengefasst.

4.2 Wann eine Mieterhöhung ausgeschlossen ist

Die Mieterhöhung darf nicht durch eine Vereinbarung zwischen dem Vermieter und dem Mieter ausgeschlossen sein. Das ist der Fall, wenn ein Mietvertrag mit einer festen Miete auf bestimmte Zeit abgeschlossen wurde oder wenn im Mietvertrag eine Mieterhöhung ausdrücklich ausgeschlossen worden ist. Ausgeschlossen ist die Mieterhöhung auch dann, wenn bestimmte Umstände vorliegen, aus denen man annehmen kann, dass ein Ausschluss der Mieterhöhung gewollt war.

Beispiel: Der Mieter hat vor seinem Einzug mit Einverständnis des Vermieters die Wohnung modernisiert und eine Heizung und neue Fenster eingebaut. Im Gegenzug wurde im Mietvertrag ein mehrjähriger Kündigungsverzicht vereinbart.

Achtung: Auch bei Vereinbarung einer Staffelmiete oder Indexmiete (vgl. dazu Kapitel 1.2.3) können Steigerungen der ortsüblichen Vergleichsmiete nicht zu einer Mieterhöhung führen.

4.3 Welche Wartefrist der Vermieter einhalten muss

Der Vermieter kann die Zustimmung des Mieters zur Erhöhung der Miete auf die ortsübliche Vergleichsmiete nur verlangen, wenn die Miete seit mindestens einem Jahr besteht. Vor Ablauf dieser Warte- oder Sperrfrist darf der Vermieter von Ihnen keine Mieterhöhung verlangen.

Die Jahressperrfrist gilt für Mieterhöhungen auf die ortsübliche Vergleichsmiete, einvernehmliche Mieterhöhungen und die letzte Erhöhung einer Staffelmiete. Keinen Einfluss auf die Jahresfrist haben dagegen Mieterhöhungen wegen Veränderung der Betriebskostenpauschale oder aufgrund durchgeführter Modernisierungsmaßnahmen (vgl. dazu Kapitel 6).

 Beispiel: Ist am 1. 4. 2014 die Miete um sechs Prozent angehoben worden, kann der Vermieter frühestens ab 1. 4. 2015 wegen einer erneuten Mieterhöhung an Sie herantreten. Fordert der Vermieter ab 1. 7. 2015 eine Mietanhebung auf die ortsübliche Vergleichsmiete, so ist die Jahresfrist gewahrt, selbst wenn im Oktober 2014 die Miete wegen einer Modernisierungsmaßnahme angehoben wurde.

Die Jahressperrfrist gilt auch für ehemalige Sozialwohnungen, die aus der Sozialbindung herausgefallen sind und für die der Vermieter erstmals eine Mieterhöhung auf die ortsübliche Vergleichsmiete fordert.

Schickt Ihnen der Vermieter vor Ablauf der Jahresfrist das Erhöhungsschreiben, ist die Mieterhöhung unwirksam. Der Vermieter kann Ihnen in diesem Fall nur nach Ablauf der Sperrfrist ein neues Erhöhungsverlangen zukommen lassen. Er darf aber nicht lediglich auf sein vorzeitig zugegangenes Schreiben Bezug nehmen.

4.4 Was unter der ortsüblichen Vergleichsmiete zu verstehen ist

Der Vermieter darf maximal eine Erhöhung auf die ortsübliche Vergleichsmiete verlangen. Das ist die Miete, die in der betreffenden Gemeinde für Wohnungen vergleichbarer Art, Größe, Ausstattung, Beschaffenheit und Lage in den vergangenen vier Jahren üblicherweise verlangt wurde. Maßgebend für die Feststellung der ortsüblichen Vergleichsmiete ist der Zeitpunkt, in dem das Mieterhöhungsverlangen dem Mieter zugeht, nicht dagegen der Zeitpunkt des Wirksamwerdens der Mieterhöhung.

Folgende Vergleichskriterien spielen eine Rolle:

- Mit der Art der Wohnung sind die Bauart und die Zuordnung der Wohnung zum Haus und Grundstück gemeint (z. B. Steinhaus, Holzhaus, Hochhaus, Bungalow, alleinstehendes Haus, Hochhaus, Altbau, Neubau, modernisierter Altbau).

- Für die Berechnung der Wohnungsgröße können im frei finanzierten Wohnungsbau im Regelfall die Bestimmungen der Wochenflächenverordnung herangezogen werden (vgl. dazu Kapitel 1.5).

- Bei der Ausstattung der Wohnung kommt es in erster Linie auf die vorhandene Sanitär-, Heizungs-, Elektro- und Kücheninstallation an, und zwar nicht nur auf das Vorhandensein und die Zahl der Badezimmer oder Duschen, sondern auch auf deren Art (z. B. Elektro-, Gas-, Ölbetrieb, Armaturen, Fußbodenheizung). Daneben kommen auch andere Ausstattungsmerkmale in Betracht (z. B. Bodenbeläge, Fahrstuhl usw.).

- Die Beschaffenheit der Wohnung betrifft qualitative Werte wie Zuschnitt, Nebenräume und bauliche Qualität. Insoweit kommt es z. B. auch auf die Art von Türen, Fenstern oder Fußböden sowie auf die Technik von technischem Gerät an. Auch Besonderheiten wie z. B. Einbauschränke, Einbauküchen oder mitvermietete Kühlschränke sind von Bedeutung.

- Bei der Lage sind die äußere Lage (z. B. Stadtteil, Erreichbarkeit mit Verkehrsmitteln, Lärmimmissionen) sowie die Lage im Gebäude selbst (Stockwerkslage, Orientierung der Wohnräume zu den Himmelsrichtungen) von Bedeutung.

Achtung: Der Vermieter darf bei der Ermittlung der ortsüblichen Vergleichsmiete nur die Mieten berücksichtigen, die in den letzten vier Jahren vereinbart oder geändert worden sind. Ferner darf die Miete nicht aufgrund einer Förderzusage oder kraft Gesetzes festgelegt worden sein.

Die von ihm behauptete ortsübliche Vergleichsmiete muss der Vermieter ordnungsgemäß begründen. Dafür stehen ihm nur die gesetzlich vorgegebenen Begründungsmittel zur Verfügung (vgl. dazu Kapitel 4.8).

4.5 Welche Höchstgrenze für die Mieterhöhung der Vermieter einhalten muss

Die Miete darf innerhalb eines Zeitraums von drei Jahren nur um 20 % steigen. Diese Grenze muss der Vermieter auch dann einhalten, wenn die ortsübliche Vergleichsmiete eine höhere Miete zulassen würde. Nur bis zur sogenannten Kappungsgrenze müssen Sie dem Mieterhöhungsverlangen zustimmen.

Achtung: Seit Mai 2013 können die Bundesländer für Gebiete mit angespanntem Wohnungsmarkt die Kappungsgrenze für Mieterhöhungen von 20 auf 15 % absenken.

Die Kappungsgrenze wird von der Ausgangsmiete berechnet. Das ist die Miete, die Sie drei Jahre vor Wirksamwerden der neuen Mieterhöhung gezahlt haben, allerdings ohne die im Umlageverfahren erhobenen Betriebskosten. Das heißt, dass Berechnungsgrundlage in der Regel die Nettokaltmiete (vgl. dazu Kapitel 1.2.1) ist. Eine Mieterhöhung wegen Modernisierung, die während des Dreijahreszeitraums wirksam wurde, wird bei der Berechnung der Kappungsgrenze nicht berücksichtigt.

Beispiel: Die Ausgangsmiete beträgt € 5,–/m², die ortsübliche Vergleichsmiete nachweislich € 6,30/m². Die Kappungsgrenze liegt bei € 6,–/m² (€ 5,– + 20 %). Die darüber hinausgehende Miete wird »gekappt«. Der Vermieter kann also höchstens eine Mieterhöhung auf € 6,–/m² durchsetzen, wenn die übrigen Voraussetzungen dafür vorliegen. Würde die ortsübliche Vergleichsmiete € 5,80/m² betragen, wäre die Miete nicht zu »kappen« und der Vermieter könnte auf diese neue Miete erhöhen.

Schöpft der Vermieter mit seiner Mieterhöhung die 20-prozentige Kappungsgrenze voll aus, muss er drei Jahre warten, bis er von Ihnen die nächste Anpassung an die ortsübliche Vergleichsmiete verlangen kann.

 Hat Ihr Vermieter bei seiner ansonsten ordnungsgemäß begründeten Mieterhöhung die Kappungsgrenze nicht berücksichtigt oder falsch berechnet, müssen Sie der Mieterhöhung nur bis zu dem Erhöhungsbetrag zustimmen, der sich bei korrekter Anwendung der Kappungsgrenze errechnet.

4.6 In welcher Form der Vermieter die Mieterhöhung erklären muss

Der Vermieter muss Ihnen das Mieterhöhungsverlangen in Textform erklären und begründen. Textform bedeutet, dass das Mieterhöhungsverlangen in Schriftzeichen erklärt werden muss. Eine Mieterhöhung kann also auch per Fax oder E-Mail übermittelt werden. Auch ein am Computer geschriebener Brief mit eingescannter oder getippter Unterschrift reicht aus.

4.7 Wer das Mieterhöhungsverlangen erklären und an wen es gerichtet sein muss

Das Mieterhöhungsverlangen muss vom richtigen Vermieter an den richtigen Mieter gerichtet sein.

4.7.1 Richtiger Absender

Nur wenn der Vermieter, der im Mietvertrag als solcher angegeben ist, das Mieterhöhungsverlangen erklärt, ist es wirksam. Handelt es sich dabei um eine Mehrheit von Personen (z. B. ein Ehepaar oder eine Erbengemeinschaft), müssen alle Personen als Absender auftreten.

Das Mieterhöhungsverlangen kann auch von einem Vertreter abgegeben werden. In diesem Fall muss eine Vertretungsbefugnis gegeben sein. Bei Wohnungsverwaltungsgesellschaften kommt es gelegentlich vor, dass nicht vertretungsberechtigte Mitarbeiter die Erklärung abgeben.

 Prüfen Sie, ob eine Vertretungsbefugnis vorliegt, wenn ein Vertreter das Mieterhöhungsverlangen abgibt. Fehlt eine erforderliche Vollmacht, müssen Sie die fehlende Vertretungsbefugnis unverzüglich beanstanden und die Mieterhöhung wegen Fehlens der Vollmacht zurückweisen. In diesem Fall ist das Mieterhöhungsverlangen unwirksam.

4.7.2 Richtiger Adressat

Das Mieterhöhungsverlangen muss der Vermieter an alle im Mietvertrag bezeichneten Mieter richten. Wurde die Wohnung an ein Ehepaar als Mieter überlassen und haben beide Eheleute den Mietvertrag unterzeichnet, muss das Mieterhöhungsverlangen an beide Ehegatten gerichtet sein.

4.8 Wie der Vermieter die Mieterhöhung begründen muss

Der Vermieter muss begründen, warum er die verlangte Neumiete für ortsüblich hält. Gesetzlich stehen ihm vier Begründungsmittel zur Verfügung:

- der örtliche Mietspiegel,
- ein Sachverständigengutachten,

- die Benennung von drei Vergleichswohnungen oder
- die Bezugnahme auf eine Mietdatenbank.

4.8.1 Wenn sich der Vermieter auf einen Mietspiegel bezieht

Ein Mietspiegel ist eine Übersicht über die ortsübliche Vergleichsmiete, soweit die Übersicht von der Gemeinde oder von Interessenvertretern der Vermieter und der Mieter gemeinsam erstellt oder anerkannt worden ist. Ein sogenannter qualifizierter Mietspiegel muss darüber hinaus nach anerkannten wissenschaftlichen Grundsätzen aufgestellt werden. Er soll alle zwei Jahre fortgeschrieben werden. Ist das der Fall, so wird vermutet, dass die im qualifizierten Mietspiegel bezeichneten Entgelte die ortsübliche Vergleichsmiete wiedergeben. Diese Vermutung ist nur mit ganz erheblichen Argumenten zu widerlegen.

Wenn es in einer Gemeinde keinen Mietspiegel gibt, darf der Vermieter den Mietspiegel einer Nachbargemeinde verwenden, wenn diese vergleichbar ist.

Achtung: Der Vermieter muss seinem Erhöhungsverlangen den Mietspiegel beifügen, wenn dieser nicht allgemein zugänglich ist (z. B. weil er im örtlichen Amtsblatt veröffentlicht ist) oder für ein geringes Entgelt erworben werden kann oder im Internet zugänglich ist. Andernfalls ist die Mieterhöhungserklärung unwirksam.

Typisch für einen Mietspiegel ist, dass die ortsübliche Miete nicht durch die Angabe eines Durchschnittswerts, sondern in Form von Mietpreisspannen wiedergegeben wird. Handelt es sich um eine Wohnung mit durchschnittlicher Ausstattung, ist davon auszugehen, dass der Mittelwert der Preisspanne die ortsübliche Vergleichsmiete ist. Je nach Ausstattung der Wohnung müssen dann vom Mittelwert Zu- und Abschläge gemacht werden. Entscheidend ist stets die vom Vermieter gestellte Ausstattung.

Liegt ein wirksamer Mietspiegel vor und will der Vermieter in seinem Erhöhungsverlangen zur Begründung darauf Bezug nehmen, muss er eindeutig klarstellen, in welches Feld des Mietspiegels er seine Wohnung einordnet, aus welchen Gründen welche Unterschiede bestehen und weshalb diese für ihn nicht von Bedeutung sind. Die Begründung muss erkennen lassen, wie der Vermieter die Wohnung nach Größe, Lage, Baujahr und Ausstattung in den Mietspiegel einordnet. Seine Einordnung muss für den Mieter nachvollziehbar sein.

4.8.2 Wenn sich der Vermieter auf ein Sachverständigengutachten bezieht

Die Begründung der Mieterhöhung mit einem Sachverständigengutachten hat in der Praxis keine große Bedeutung. Schließlich muss der Vermieter das Gutachten aus eigener Tasche zahlen (Kosten: € 1 000,– und mehr). Der vom Vermieter beauftragte Sachverständige muss für ein Sachgebiet öffentlich bestellt und vereidigt sein, in dem er sich zumindest auch mit der Mietpreisbewertung befassen muss.

Das Gutachten muss begründet sein, und zwar so, dass der Mieter es logisch nachvollziehen kann. Dazu muss der Sachverständige eine Aussage über die tatsächliche ortsübliche Vergleichsmiete treffen und die Wohnung des Mieters in das örtliche Mietpreisgefüge einordnen.

Achtung: Der Vermieter kann nicht verlangen, dass ihm der Mieter die Kosten des Sachverständigengutachtens ersetzt. Übernehmen Sie also auf keinen Fall die Kosten.

Der Vermieter muss das Sachverständigengutachten seiner Mieterhöhungserklärung in vollem Wortlaut beifügen; andernfalls ist das Mieterhöhungsverlangen unwirksam.

4.8.3 Wenn der Vermieter auf Vergleichswohnungen hinweist

Die einfachste Möglichkeit für den Vermieter, sein Mieterhöhungsverlangen zu begründen, ist der Hinweis auf die Miethöhe in drei vergleichbaren Wohnungen. Diese Begründung ist für den Vermieter aber die gefährlichste.

 Der Deutsche Mieterbund rät Mietern, bei Begründungen mit Hinweis auf vergleichbare Wohnungen zur besonderen Vorsicht, weil die Miete von drei Vergleichswohnungen in der Regel nicht die ortsübliche Vergleichsmiete darstelle. Erfahrungsgemäß würden sich Vermieter nach Möglichkeit solche Vergleichswohnungen heraussuchen, die besonders teuer vermietet worden seien.

Der Vermieter muss die in seinem Mieterhöhungsverlangen angegebenen Vergleichswohnungen genau beschreiben. Ausreichend ist es im Regelfall, wenn er Informationen über Namen des Wohnungsinhabers, Adresse, Geschoss und Quadratmeterpreis angibt.

Achtung: Stützt der Vermieter seine Mieterhöhung auf Vergleichswohnungen, dann muss er diese Wohnungen im Mieterhöhungsschreiben so genau bezeichnen, dass der Mieter sie ohne nennenswerte Schwierigkeiten auffinden kann. Bleibt für den Mieter offen, welche von zwei Wohnungen in einem Stockwerk als Vergleichswohnung gemeint ist, ist das Mieterhöhungsverlangen unwirksam.

Der Vermieter muss zur Begründung seiner Mieterhöhung mindestens drei Vergleichswohnungen benennen. Er kann seine Mieterhöhung auch mit Wohnungen aus dem eigenen Wohnungsbestand begründen; die Wohnungen können sogar im selben Haus liegen.

Die vom Mieter benannten Vergleichswohnungen müssen nach Größe, Lage, Baujahr und Ausstattung in etwa der Wohnung des

Mieters entsprechen. Der Größenunterschied zwischen den Wohnungen darf höchstens 30 % betragen.

Achtung: Maßgeblich für die ortsübliche Vergleichsmiete ist nicht der Mietpreis, der dem Durchschnittswert der Vergleichsmieten entspricht, sondern die Miete, die für die günstigste der vom Mieter benannten Vergleichswohnungen gezahlt wird.

4.8.4 Wenn sich der Vermieter auf eine Mietdatenbank bezieht

Eine Mietdatenbank ist eine zur Ermittlung der ortsüblichen Vergleichsmiete fortlaufend geführte Sammlung von Mieten, die von der Gemeinde oder Interessenvertretern der Vermieter und der Mieter gemeinsam geführt oder anerkannt wird und aus der Auskünfte gegeben werden, die für einzelne Wohnungen einen Schluss auf die ortsübliche Vergleichsmiete zulassen. Der Unterschied zu einem Mietspiegel liegt in der fortlaufenden Erfassung von Daten. Allerdings werden Mietdatenbanken in der Praxis kaum geführt; sie gibt es lediglich in Hannover.

4.9 Ohne Ihre Zustimmung geht nichts

Der Vermieter muss Sie zur Zustimmung zur Mieterhöhung auffordern. Die Mieterhöhung tritt also nicht (wie z. B. bei der Mieterhöhung wegen Modernisierung; vgl. dazu Kapitel 6) automatisch ein. Nur mit Ihrer Zustimmung bzw. der gerichtlichen Verurteilung, Ihre Zustimmung zu erteilen, ist die Mieterhöhung zur Anpassung der Miete an die ortsübliche Vergleichsmiete möglich. Eine einseitige vom Vermieter ausgesprochene Mieterhöhung ist also nicht zulässig und wirksam.

4.9.1 Mieterhöhungsschreiben

Im Mieterhöhungsschreiben muss deutlich zum Ausdruck kommen, dass der Vermieter Sie zur Zustimmung zur Mieterhöhung auffordert. Unwirksam ist die Erklärung des Vermieters, wenn er Ihnen gegenüber den Eindruck erweckt, dass er einseitig die Mieterhöhung geltend machen will.

Formulierungen, die lediglich den Eindruck erwecken, es bestünde eine Zahlungspflicht, haben rechtlich keine Bedeutung.

Beispiel: Unwirksam ist folgendes Erhöhungsverlangen: »Hiermit erhöhe ich die Miete von € 530,– monatlich auf € 560,– im Monat.«

4.9.2 Überlegungsfrist

Wenn Ihnen das Mieterhöhungsverlangen des Vermieters zugegangen ist, sollten Sie prüfen, inwieweit die Forderung des Vermieters berechtigt ist und ob Sie der Mieterhöhung zustimmen wollen. Dafür steht Ihnen eine Überlegungsfrist zu. Die Frist beginnt mit dem Zugang der Mieterhöhungserklärung und endet mit Ablauf des darauffolgenden zweiten Kalendermonats.

Beispiel: Das Mieterhöhungsschreiben des Vermieters geht beim Mieter im August ein. Die Überlegungsfrist läuft dann bis Ende Oktober.

Bei der Überlegungsfrist handelt es sich um eine Ausschlussfrist. Das bedeutet, dass Sie Ihre Zustimmung auch noch nach Ablauf der Überlegungsfrist erklären können. Sie riskieren allerdings, dass Ihr Vermieter nicht untätig bleibt und zwischenzeitlich bereits Klage auf Zustimmung zur Mieterhöhung eingereicht hat.

Die Zustimmung des Mieters zur Mieterhöhung bedarf keiner besonderen Form. Sie kann also auch mündlich erklärt werden. Keine

Zustimmung liegt aber vor, wenn der Mieter auf das Erhöhungsverlangen überhaupt nicht reagiert und schweigt.

Achtung: Eine stillschweigende Zustimmung kann dann vorliegen, wenn Sie auf das Erhöhungsverlangen Ihres Vermieters zwar schweigen, aber die höhere Miete zahlen. Wenn Sie zwei oder drei Mal diese höhere Miete zahlen, stimmen Sie dem Erhöhungsverlangen des Vermieters unwiderruflich zu. Manche Gerichte sehen bereits bei einer einmaligen Zahlung der höheren Miete eine Zustimmung.

4.9.3 Rechte des Mieters

Wenn Ihnen das Mieterhöhungsverlangen des Vermieters vorliegt, haben Sie mehrere Möglichkeiten, darauf zu reagieren:

- Sie können der Mieterhöhung zustimmen; dann schulden Sie dem Vermieter die neue Miete mit Beginn des dritten Kalendermonats nach dem Zugang des Mieterhöhungsverlangens (vgl. unten). Dies gilt unabhängig davon, ob Sie der Mieterhöhung von sich aus zugestimmt haben oder vom Gericht zur Zustimmung verurteilt wurden. Der Vermieter ist nicht verpflichtet, im Mieterhöhungsschreiben auf die Fälligkeit der erhöhten Miete hinzuweisen.

Beispiel: Sie erhalten das Mieterhöhungsschreiben im November. Dann läuft die Überlegungsfrist bis Ende Januar. Wenn Sie der Mieterhöhung zustimmen, müssen Sie die neue Miete ab Februar zahlen.

- Sie können die Zustimmung zur Mieterhöhung verweigern (z. B. weil der Vermieter die Mieterhöhung nicht ordnungsgemäß begründet oder die Wartefrist nicht eingehalten hat). In diesem Fall kann der Vermieter die Mieterhöhung nur durchsetzen, wenn er Sie innerhalb von drei Monaten nach Ablauf der gesetzlichen Überlegungsfrist (vgl. oben) auf Zustimmung verklagt. Das Gericht prüft, ob das Mieterhöhungsschreiben den rechtlichen Anforderungen entspricht und ob die Mieterhöhung gerechtfertigt ist. Je nach Ergebnis der Prüfung wird entweder die Klage des Vermieters abgewiesen oder der Mieter ganz oder teilweise zur Zustimmung verurteilt. Versäumt der Vermieter die Klagefrist, muss er Ihnen wieder ein neues Mieterhöhungsschreiben schicken. Dann steht Ihnen wieder die volle Überlegungsfrist zu.

- Sie können der Mieterhöhung auch nur teilweise zustimmen, weil z. B. die ortsübliche Vergleichsmiete geringer ist oder die Kappungsgrenze den Erhöhungsbetrag begrenzt. Die Miete erhöht sich dann nur um den Teilbetrag, ohne dass der Vermieter dem zustimmen muss. Will der Vermieter eine höhere Miete, muss er hinsichtlich des Restbetrags fristgerecht klagen.

Achtung: Allein deshalb, weil Sie der vom Vermieter verlangten Mieterhöhung nicht zustimmen, kann dieser keine Kündigung aussprechen. Nur wenn Sie vom Gericht rechtskräftig verurteilt wurden, die höhere Miete zu zahlen, und dies verweigern, kommt eine Kündigung in Betracht.

4.10 Schnell kündigen, wenn die Miete zu teuer wird

Wenn der Vermieter eine Mieterhöhung auf die ortsübliche Vergleichsmiete verlangt, steht Ihnen gesetzlich ein Sonderkündigungsrecht zu. Sie können das Mietverhältnis bis zum Ende des zweiten Monats nach Zugang des Mieterhöhungsverlangens für das Ende des übernächsten Monats kündigen.

 Beispiel: Das Schreiben, mit dem Ihr Vermieter eine höhere Miete verlangt, geht Ihnen im Mai zu. In diesem Fall können Sie das Mietverhältnis bis 31.7. mit Wirkung zum 30.9. kündigen.

Im Falle Ihrer Kündigung wird die Mieterhöhung nicht wirksam. Sie müssen dann bis zur Beendigung des Mietverhältnisses nur die bisherige Miete entrichten.

Ihr Sonderkündigungsrecht steht Ihnen auch dann zu, wenn Sie mit Ihrem Vermieter ein befristetes Mietverhältnis abgeschlossen oder im Mietvertrag die Kündigung für eine bestimmte Zeit ausgeschlossen haben. In diesem Fall liefert Ihnen also Ihr Vermieter unter Umständen einen idealen Grund für einen vorzeitigen Auszug aus der Wohnung.

5 Instandhaltung und -setzung der Wohnung

Abgeblätterte Farbe an den Türen, bröckelnder Kitt an den Fernstern – wer ist für diese und ähnliche Arbeiten zuständig, der Vermieter oder Sie als Mieter? Das Gesetz geht davon aus, dass die Instandhaltung und die Instandsetzung der Mietwohnung Aufgabe des Vermieters ist; er hat also auch die damit zusammenhängenden Kosten zu tragen. In bestimmten Grenzen ist es aber dem Vermieter erlaubt, durch entsprechende Vereinbarung im Mietvertrag die Instandhaltung und Instandsetzung auf den Mieter zu übertragen. Dies gilt insbesondere für sogenannte Kleinreparaturen (vgl. dazu Kapitel 5.2) und für Schönheitsreparaturen (vgl. dazu Kapitel 5.3). Und auch einzelne Erhaltungsmaßnahmen (z. B. Reinigung des Treppenhauses oder Schneebeseitigung) darf der Vermieter mietvertraglich auf den Mieter übertragen.

5.1 Was die Instandhaltungs- und Instandsetzungspflicht des Vermieters beinhaltet

Der Vermieter ist gesetzlich zur laufenden Instandhaltung und zur Instandsetzung verpflichtet. Die Instandhaltung betrifft vorbeugende Maßnahmen, durch die Schäden an der Mietsache vermieden und deren ordnungsgemäßer Zustand gewährleistet werden. Bei der Instandsetzung geht es dagegen um die Behebung von Schäden oder Mängeln, die durch Abnutzung, Alter oder Witterungseinflüsse aufgetreten sind.

 Beispiel: Die Wartung des Warmwasserboilers betrifft die Instandhaltung, seine Neuanschaffung, wenn eine Reparatur des defekten Boilers nicht mehr möglich ist, und die Instandsetzung.

Vorsicht: Wichtig ist es, die Instandhaltung und Instandsetzung von der Modernisierung zu trennen. Wenn Erhaltungs- bzw. Instandsetzungsmaßnahmen mit Modernisierungsmaßnahmen zusammentreffen, richten sich die Rechte und Pflichten des Vermieters und des Mieters nur nach den Vorschriften über die Modernisierung (wegen der Einzelheiten vgl. dazu Kapitel 6).

Ihr Vermieter ist verpflichtet, die Wohnräume in regelmäßigen Abständen auf ihren ordnungsgemäßen Zustand hin zu überprüfen. Stellt er Mängel fest, hat er diese auf seine Kosten zu beseitigen. Dies gilt auch dann, wenn der Mangel bereits bei Mietbeginn vorgelegen hat, es sei denn, dass Sie als Mieter den Mangel kannten und die Wohnung gleichwohl gemietet haben, ohne sich die Beseitigung des Mangels vorzubehalten. Der Vermieter ist ausnahmsweise auch dann nicht zur Mängelbeseitigung verpflichtet, wenn der Schaden durch den Mieter oder Personen, für die dieser verantwortlich ist (z. B. Besucher), verursacht wurde.

Fällt der Schaden in den Verantwortungsbereich des Vermieters, hat dieser den Mangel zu beseitigen. Und er trägt die entsprechenden Kosten. Der Vermieter darf auch nicht die Miete erhöhen. Auch aufwendige Schäden sind vom Vermieter zu beseitigen. Er kann vom Mieter keine Kostenbeteiligung verlangen. Der Beseitigungsanspruch des Mieters ist durch die Miete abgegolten. Der Vermieter kann die Beseitigung des Mangels auch nicht mit dem Hinweis auf die geringe Miete verweigern.

Als Mieter müssen Sie zwar Instandhaltungs- und Instandsetzungsmaßnahmen dulden, zur Mithilfe sind Sie aber nicht verpflichtet. Auch Veränderungen der Ausstattung der Mietwohnung müssen Sie nicht hinnehmen. Notwendige Besichtigungen (z. B. des Vermieters oder des beauftragten Handwerkers) müssen Sie zulassen. Sie dürfen aber erwarten, dass die Arbeiten zügig und nicht zur Unzeit (z. B. während der Weihnachtsfeiertage) durchgeführt werden.

Achtung: Wenn Sie sich als Mieter weigern, Maßnahmen des Mieters zu dulden, die der Instandhaltung und Instandsetzung der Wohnung dienen, verlieren Sie Ihre Gewährleistungsansprüche. Sie können dann z. B. die Miete nicht mindern oder Schadensersatzansprüche geltend machen (vgl. dazu Kapitel 8).

Nach Beendigung der Instandhaltungs- und Instandsetzungsarbeiten muss der Vermieter den vertragsgemäßen Zustand der Wohnung wiederherstellen. Wenn Sie als Mieter während der Arbeiten im Wohngebrauch beeinträchtigt wurden oder die Wohnung nicht bewohnen konnten, können Sie die Miete mindern und Ersatz Ihrer Aufwendungen verlangen.

Aufwendungen, die Sie als Mieter wegen einer Erhaltungsmaßnahme machen mussten, hat Ihnen der Vermieter zu ersetzen. Sie können vom Vermieter auch einen Vorschuss verlangen; der Anspruch besteht dann in Höhe der mutmaßlich anstehenden Aufwendungen. Nach Abschluss der Maßnahme müssen Sie dann über den Vorschuss abrechnen. Zu den Aufwendungen, die Ihnen der Vermieter ersetzen muss, gehören u. a.

- Renovierungskosten, es sei denn, dass eine Renovierung ohnehin fällig gewesen wäre,

- Reinigungskosten,

- Kosten einer Hotelunterkunft,

- Kosten der Einlagerung von Möbeln und Hausrat,

- der Ersatz des eigenen Zeitaufwands (z. B. Wohnungsbesichtigung).

5.2 Wenn der Vermieter die Kosten für »Kleinreparaturen« auf Sie überträgt

Wie gesagt, ist grundsätzlich der Vermieter für die Instandhaltung und Instandsetzung der Wohnung zuständig. Die in diesem Zusammenhang anfallenden Arbeiten hat er auf seine Kosten durchzuführen. Und das gilt auch für kleinere Mängel; wenn also der Wasserhahn tropft, ist es Sache des Vermieters, auf seine Kosten einen Handwerker zu bestellen und eine neue Dichtung einlegen zu lassen. Allerdings kann im Mietvertrag für Kleinreparaturen vereinbart werden, dass der Mieter die Kosten trägt. Unter Kleinreparaturen versteht man die Beseitigung von Bagatellschäden. Das sind solche Schäden an der Mietsache, die sich mit einem verhältnismäßig geringen Aufwand an finanziellen Mitteln beseitigen lassen. Wenn im Mietvertrag nichts geregelt ist, muss der Vermieter auch solche Kleinreparaturen auf seine Kosten durchführen. Die Frage ist also, unter welchen Voraussetzungen er Kleinreparaturen auf den Mieter überwälzen darf.

Achtung: Beachten Sie, dass der Vermieter nur die Kosten, nicht aber die Vornahme der Kleinreparaturen selbst auf Sie abwälzen darf. Auch im Falle der Kostenübernahme durch den Mieter bleibt der Vermieter also verpflichtet, den Schaden selbst oder durch Handwerker beheben zu lassen. Unwirksam ist deshalb z. B. eine Klausel im Mietvertrag, die den Mieter verpflichtet, Elektro- oder Gasthermen oder andere Geräte durch eine Fachfirma warten zu lassen. Einsprechendes gilt für folgende Klausel: »Der Mieter ist verpflichtet, Installationsgegenstände für Elektrizität, Wasser und Gas, Heiz- und Kocheinrichtungen, Fenster- und Türverschlüsse sowie die Verschlussvorrichtungen von Fensterläden in gebrauchsfähigem Zustand zu erhalten.« Denn in diesen Fällen werden nicht nur die Kosten, sondern auch die Zuständigkeit für die Reparatur unzulässigerweise auf den Mieter übertragen.

Eine Kleinreparaturklausel ist unwirksam, wenn sie den Mieter unangemessen benachteiligt. Zulässig und wirksam sind entsprechende Klauseln nur, wenn folgende Voraussetzungen erfüllt sind:

- Vom Mieter zu zahlende Kleinreparaturen dürfen sich nur auf solche Teile der Mietwohnung beziehen, die dem direkten und häufigen Zugriff des Mieters ausgesetzt sind. Das sind z. B. Installationsgegenstände für Strom, Gas und Wasser, Heiz- und Kocheinrichtungen, Fenster- und Türverschlüsse sowie Verschlussvorrichtungen von Fensterläden, nicht jedoch Leitungen für Gas, Wasser und Strom.

- Im Mietvertrag muss ein Höchstbetrag für einzelne Reparaturen festgelegt sein. Dabei liegt die Grenze bei 75 bis 100 € für die einzelne Reparatur. Wenn Sie Reparaturen bis zu einer Höchstgrenze von 100 € bezahlen müssen und sich die Rechnung auf über 100 € beläuft, müssen Sie sich nicht mit einem Teilbetrag von 100 € beteiligen. Bei Beträgen über 100 € liegt keine Kleinreparatur mehr vor und Sie müssen gar nichts bezahlen.

- In der Mietvertragsklausel muss außerdem eine Obergrenze enthalten sein für alle Kleinreparaturen innerhalb eines Jahres. Der Mieter muss danach in einem Jahr maximal sechs bis acht Prozent der Jahresmiete zahlen. Alles, was darüberliegt, ist nicht zulässig und macht die Klausel unwirksam.

- Durch den Mietvertrag darf der Mieter nicht verpflichtet werden, selbst zu reparieren oder einen Handwerker zu beauftragen. Die Klausel darf nur die Zahlungspflicht betreffen.

Klauseln, die die genannten Einschränkungen nicht berücksichtigen, sind unwirksam mit der Folge, dass der Vermieter die betreffenden Kosten tragen muss. Eine unwirksame Klausel darf der Vermieter nicht einseitig zu seinen Gunsten ändern.

Als Mieter müssen Sie Kleinreparaturen nur zahlen, wenn die vereinbarte Klausel wirksam ist. Viele Mietvertragsklauseln zur Übernahme von Bagatellschäden sind – vor allem in älteren Mietverträgen – unwirksam. Sollten Sie Zweifel haben, ob die Kleinreparaturklausel in Ihrem Mietvertrag wirksam ist, sollten Sie sich von Ihrem örtlichen Mieterverein oder von einem fachkundigen Anwalt beraten lassen.

Selbst wenn die Kleinreparaturklausel in Ihrem Mietvertrag wirksam ist, sollten Sie keinesfalls selbst einen Handwerker beauftragen. Informieren Sie Ihren Vermieter über den Mangel und fordern Sie ihn zur Beseitigung auf. Andernfalls haften Sie für etwaige Fehler des Handwerkers und bleiben unter Umständen noch auf den Reparaturkosten sitzen, wenn diese den nach der Klausel vereinbarten Höchstbetrag überschreiten.

5.3 Was Sie über Schönheitsreparaturen wissen müssen

Über nichts wird zwischen Vermietern und Mietern so häufig gestritten wie über die Frage, wer Schönheitsreparaturen durchzuführen hat. Nach dem Gesetz ist eigentlich der Vermieter in der Pflicht; ihm obliegt es, für die Instandhaltung der Wohnung Sorge zu tragen (vgl. dazu Kapitel 5.1). Diese Pflicht wird von den Vermietern jedoch regelmäßig auf die Mieter übertragen. In der Praxis enthalten die Mietverträge häufig unwirksame Klauseln, weil die Gerichte an die Wirksamkeit solcher Klauseln in Formularmietverträgen strenge Anforderungen stellen, um einer unangemessenen Benachteiligung des Mieters entgegenzuwirken. Insgesamt geht es hier um sehr viel Geld. Und es geht für Mieter nicht nur darum, eine vom Vermieter geforderte Renovierung zu verweigern, sondern darum, Geld, das trotz nichtiger Klauseln in die Renovierung der Wohnung gesteckt wurde, vom Vermieter wieder zurückzuholen.

5.3.1 Was zu Schönheitsreparaturen zählt und was nicht

Unter Schönheitsreparaturen versteht man die üblichen, turnusgemäß wiederkehrenden Renovierungsarbeiten, soweit die Veränderung durch einen normalen vertragsgemäßen Gebrauch der Mietsache eingetreten ist. Es geht also darum, solche Abnutzungserscheinungen zu beseitigen, die den optischen Eindruck der Mieträume beeinträchtigen und in der Regel durch normales Abwohnen herbeigeführt werden. Schönheitsreparaturen müssen nur in den zum Wohnbereich gehörenden Räumen, also innerhalb der Wohnung durchgeführt werden. Renovierungen im Keller, Speicher, Treppenhaus oder Hausflur muss immer der Vermieter durchführen.

Zu den Schönheitsreparaturen zählen nur

- Tapezieren,

- Kalken und Anstreichen von Wänden und Decken,

- Streichen der Fußböden,

- Lackieren der Heizkörper und der Heizungsrohre,

- Lackieren der Innentüren und

- Lackieren der Fenster und Außentüren von innen.

Wie Sie sehen, zählt also zu den Schönheitsreparaturen alles, was beim normalen Wohnen abgenutzt wird und mit Farbe, Tapete und etwas Gips erneuert werden kann. Nicht zu den Schönheitsreparaturen gehören folglich insbesondere

- das Abschleifen und Versiegeln von Parkettböden,

- der Austausch eines wegen des vertragsgemäßen Verbrauchs verschlissenen Teppichbodens,

- Maurer-, Installateur- und Glaserarbeiten,

- die Reparatur von Türschlössern, Heizkörpern, Gas- oder Stromleitungen,

- der Anstrich der Fenster und der Wohnungstür von außen,

- Erstanstriche wie z. B. bei neuen Heizkörpern oder Fenstern,

- Anstriche im Treppenhaus (Schönheitsreparaturen schulden Sie nur im Inneren Ihrer Wohnung),

- das Abschleifen und Versiegeln von Holzfußböden bzw. Parkettböden,

- notwendige Anstriche der Außenfenster und des Balkons,

- die Beseitigung typischer Abnutzungserscheinungen einer Badewanne,

- die Reinigung der Teppichböden (es sei denn, der Mietvertrag enthält darüber eine ausdrückliche Regelung).

Alle diese Arbeiten fallen nicht unter die Schönheitsreparaturen und sind deshalb immer vom Vermieter auf seine Kosten durchzuführen.

Achtung: Wenn der Mieter Dübel anbringt, liegt das generell im Rahmen des vertragsgemäßen Gebrauchs und verpflichtet nicht zur Schönheitsreparatur bzw. Endrenovierung, sofern diese Verpflichtung im Mietvertrag nicht ausdrücklich festgeschrieben ist. Der Bundesgerichtshof hat deutlich gemacht, dass der Mieter an den Wänden seiner Räume Bohrlöcher anbringen darf, soweit sich ihre Anzahl »im üblichen Rahmen« hält. Dübellöcher »in gewissem Umfang« gehören also zum vertragsgemäßen Gebrauch. Folgende Urteile zeigen den Rahmen auf, innerhalb dessen die Üblichkeit, die Verhältnismäßigkeit und das verkehrsübliche Maß noch als gegeben angesehen werden: Amtsgericht Kassel: Der Mieter, der »nur« 14 Bohrlöcher im Bad hinterließ, beging keine Sachbeschädigung. Landgericht Hamburg: 32 Bohrlöcher im Bad sind noch vertragsgemäß, weil im Bad sämtliche Armaturen fehlten und sie somit erforderlich waren. Oberlandesgericht Köln: 34 Dübellöcher waren erforderlich, weil sie für das Anbringen der üblichen Möbel im Bad (Hängeschrank, Gardinenstangen usw.) gedacht waren.

5.3.2 Wer Schönheitsreparaturen durchführen muss

Wenn der Mietvertrag keine Regelung zu den Schönheitsreparaturen enthält, muss der Vermieter sie auf seine Kosten ausführen. Das dürfte allerdings die Ausnahme sein. Der Vermieter kann nämlich die Verpflichtung zur Durchführung von Schönheitsreparaturen im Mietvertrag auf den Mieter abwälzen. Erforderlich ist allerdings eine ausdrückliche und eindeutige Vereinbarung.

 Beispiel: Die Formulierung »Schönheitsreparaturen werden vom Mieter getragen« ist ausreichend, um dem Mieter die Renovierungspflicht aufzuerlegen. Nicht ausreichend ist dagegen folgende Klausel: »Der Mieter hat die Räumlichkeiten ordnungsgemäß und schonend zu behandeln«, weil sie lediglich auf die allgemeine Obhutspflicht des Mieters hinweist.

Im Regelfall wird Ihr Mietvertrag Ihre Renovierungspflicht festlegen. In diesem Fall müssen dann Sie die erforderlichen Schönheitsreparaturen auf Ihre Kosten durchführen. Voraussetzung ist allerdings, dass die im Mietvertrag getroffene Regelung wirksam ist. Und das ist häufig nicht der Fall. Mietvertragsklauseln sind üblicherweise allgemeine Geschäftsbedingungen. Und diese sind nur wirksam, wenn sie den Mieter nicht unangemessen benachteiligen. Auf eine unwirksame Regelung im Mietvertrag kann sich der Vermieter nicht berufen, und zwar auch dann nicht, wenn sie vom Mieter akzeptiert wurde.

Die Gerichte haben für den Mieter unangemessen nachteilige Regelungen serienweise für unwirksam erklärt. Hauptgründe: Der Vermieter darf keine Renovierung verlangen, wenn sie nicht notwendig ist. Unwirksam sind deshalb alle Klauseln, nach denen eine Renovierung unabhängig vom Zustand der Wohnung verlangt werden kann. Und auch die starren Fristenregelungen, nach denen Mieter stets nach Ablauf einer bestimmten Zeit renovieren müssen, wurden für unwirksam erklärt. Die Folge einer unwirksamen Klausel: Statt selbst renovieren zu müssen, können die Mieter ihren Renovierungsbedarf einfach beim Vermieter anmelden.

- Eine Klausel, nach der der Mieter Schönheitsreparaturen nach einem starren Fristenplan durchführen muss, ist unwirksam.

Beispiel: Unwirksame Fristenregelung

"Der Mieter ist verpflichtet, die Ausführung von Schönheitsreparaturen in Küchen, Baderäumen und Duschen in einem Zeitraum von drei Jahren, in Wohn- und Schlafräumen, Fluren, Dielen und Toiletten in einem solchen von fünf Jahren und in anderen Nebenräumen von sieben Jahren durchzuführen, soweit nicht nach dem Grad der Abnutzung eine frühere Ausführung erforderlich ist.« "Der Mieter ist insbesondere verpflichtet, auf seine Kosten die Schönheitsreparaturen ... in den Mieträumen, wenn erforderlich, mindestens aber in der nachstehenden Zeitfolge fachgerecht auszuführen ... Die Zeitfolge beträgt: bei Küche, Bad und Toiletten zwei Jahre, bei allen übrigen Räumen fünf Jahre.«

- Zulässig sind allerdings Klauseln, mit denen die Gültigkeit des Fristenplans eingeschränkt wird (z. B. mit Redewendungen wie »üblicherweise«, »grundsätzlich« oder »in der Regel«).Unwirksam ist eine Klausel, die vorschreibt, dass ein Handwerker die Renovierung auszuführen hat. Eine »fachgerechte Ausführung« kann aber verlangt werden.

- Unwirksam ist auch die Bestimmung, nach der der Mieter verpflichtet ist, einen anderen Zustand zu schaffen, als der zu Beginn des Mietverhältnisses bestanden hat (z. B. Tapezieren, wenn die Wohnung untapeziert übernommen wurde).

- Ebenso sind Klauseln unwirksam, die dem Mieter vorschreiben, wie er die Wohnung während der Mietzeit gestalten soll (z. B. dass Schönheitsreparaturen in neutralen, hellen, deckenden Farben und Tapeten durchzuführen sind). Wirksam sind dagegen Vorgaben, wenn sie ausschließlich für den Zeitpunkt der Wohnungsübergabe gelten sollen.

- Unwirksam ist die Klausel, die den Mieter verpflichtet, »bei Bedarf zu renovieren«, weil der Mieter dann unter Umständen auch für einen Verschleiß aufkommen müsste, den der Vormieter verursacht hat.

- Auch eine Klausel, nach der der Mieter nicht berechtigt ist, »ohne Zustimmung des Wohnungsunternehmens von der bisherigen Ausführungsart abzuweichen«, ist unwirksam.

- Und auch eine Klausel, durch die der Mieter verpflichtet ist, die Mieträume »beim Auszug in fachmännisch renoviertem Zustand zu übergeben«, ist unwirksam, weil hier eine Endrenovierung unabhängig von den bereits vorgenommenen Schönheitsreparaturen verlangt wird. Wenn der Mieter beim Auszug renovieren soll, ist eine solche Klausel nur dann wirksam, wenn sie die Schönheitsreparaturen während der Mietzeit berücksichtigt.

Achtung: Lassen Sie gegebenenfalls die Wirksamkeit der in Ihrem Mietvertrag getroffenen Vereinbarung vom örtlichen Mieterverein oder von einem fachkundigen Anwalt überprüfen. Wenn die vereinbarte Klausel unwirksam ist, sollten Sie auf keinen Fall einer vom Vermieter vorgeschlagenen Vertragsänderung oder Vertragsanpassung zustimmen. Andernfalls sind Sie nämlich wieder in der Pflicht, Schönheitsreparaturen auf Ihre Kosten durchzuführen. Wenn Sie trotz ungültiger Vertragsklausel Ihre Wohnung renoviert haben, können Sie von Ihrem Vermieter Geld für das verauslagte Material und einen Ausgleich für die aufgewendete Arbeitszeit verlangen.

---

 20 % der für Renovierungs-, Erhaltungs- und Modernisierungsmaßnahmen ausgegebenen Handwerkerkosten können Sie von der Einkommensteuer absetzen. Voraussetzung ist, dass die Rechnung den auf die Arbeitsleistung entfallenden Betrag ausweist und nicht bar bezahlt wurde.

5.3.3 Wie die Renovierung durchzuführen ist

Sind Sie nach einer wirksamen Klausel im Mietvertrag verpflichtet, Schönheitsreparaturen durchzuführen, dann müssen Sie diese fachgerecht durchführen. Sie schulden eine Renovierung »mittlerer Art und

Güte«. Kleinere Mängel muss der Vermieter also hinnehmen. Die Renovierung muss aber insgesamt ordentlich sein. So dürfen z. B. Lackanstriche keine »Tropfnasen« aufweisen, Tapeten müssen fest sitzen und auf Stoß geklebt und Anstriche müssen deckend sein. Wenn Sie nicht fachgerecht renovieren, machen Sie sich schadensersatzpflichtig.

In jedem Fall dürfen Sie selbst renovieren. Eine Klausel, nach der Schönheitsreparaturen von einem »Fachbetrieb« oder »Fachmann« durchzuführen sind, ist unwirksam. Die Unwirksamkeit der Klausel betrifft aber nur die Einschaltung von Fachleuten, Ihre Pflicht zur Vornahme von Schönheitsreparaturen bleibt dagegen bestehen.

Hier noch einige Tipps zu einzelnen Schönheitsreparaturen:

TAPETEN

Welche Tapeten und welche Farben Sie bei Schönheitsreparaturen verwenden, entscheiden Sie. Ihrer Renovierungspflicht genügen Sie, wenn Sie eine Raufasertapete streichen. Und wenn nicht besondere Abnutzungserscheinungen vorliegen, ist davon auszugehen, dass eine Raufasertapete drei Anstriche verträgt. Der erstmalige Farbanstrich auf frisch verputzte Wohnungswände ist allerdings keine Schönheitsreparatur und damit Sache des Vermieters.

Im üblichen Rahmen abgenutzte Tapeten mit Flecken und Schatten durch Bilder oder Möbel verpflichten Sie nicht zur Renovierung. Der Vermieter kann nicht verlangen, dass Raufasertapeten anlässlich eines Mieterwechsels entfernt und neu tapeziert werden. Unwirksam ist eine Klausel im Mietvertrag, wonach in diesem Fall bei einer Neutapezierung Raufasertapeten vorgeschrieben werden. Ebenfalls unwirksam ist eine Klausel, nach der der Mieter verpflichtet ist, bei seinem Auszug alle von ihm angebrachten oder vom Vormieter übernommenen Tapeten zu beseitigen. Der Vermieter kann auch nicht wirksam im Mietvertrag vom Mieter eine »Tapetenabwohnpauschale« für den Verschleiß einer Raufasertapete verlangen.

Achtung: Beachten Sie, dass Sie im Rahmen von Schönheitsreparaturen eine Tapete oder Raufaser nicht einfach entfernen
und stattdessen Rauputz aufbringen können. Spätestens beim
Auszug kann der Vermieter verlangen, dass Sie den Rauputz entfernen und die Wohnung wieder tapezieren. Holen Sie deshalb in
jedem Fall die Zustimmung des Vermieters ein, wenn Sie in Ihrer
Wohnung Rauputz auftragen wollen.

Während der Mietzeit dürfen Sie die Art der Tapeten und die Farben
aussuchen. Eine Vertragsklausel, die Ihnen vorschreibt, wie Sie die
Wohnung während der Mietzeit zu gestalten haben (z. B. die Verpflichtung, bestimmte Farben zu verwenden), ist unwirksam. Wegen
der Farbgestaltung bei der Endrenovierung vgl. dazu Kapitel 9.2.

FUSSBODEN

Es gehört zu Ihren Pflichten, einen abgenutzten und lackierten
Holzfußboden neu zu streichen. Sie müssen Schäden auf einem Li-
noleumfußboden, die durch Pfennigabsätze verursacht wurden, beseitigen. Allerdings haben Sie nur für erhebliche Beschädigungen
einzustehen. Grundsätzlich sind Sie nicht verpflichtet, den Boden
durch Teppiche oder andere Beläge zu schützen, wenn die Wohnung
öfter mit Pfennigabsätzen betreten wird.

Achtung: Wenn sich der Teppichboden im Laufe der Zeit abnutzt,
muss der Vermieter diesen auf seine Kosten ersetzen, sofern
keine übermäßige Abnutzung vorliegt. Für übermäßige Abnutzungen haftet der Mieter. Ein kleiner Riss im Teppichboden erfordert
allerdings keine komplette Erneuerung.

BAD

Es entspricht einer normalen Abnutzung, wenn die Badewanne mit den Jahren stumpf und unansehnlich geworden ist; dafür ist der Vermieter verantwortlich. Auch kleinere Absplitterungen gehören zur normalen Abnutzung. Nicht haftbar gemacht werden können Sie auch dafür, dass eine ältere Badewanne, die bereits von verschiedenen Mietparteien benutzt wurde, Verschleißerscheinungen aufweist.

FLIESEN

Es entspricht normaler Abnutzung, dass sich die Fugen zwischen den Fliesen verfärben; deshalb müssen Sie die Fugenmasse nicht erneuern. Sie dürfen Fliesen anbohren und Dübel anbringen; das gehört zum vertragsgemäßen Gebrauch der Wohnung. Zulässig sind aber nur Dübellöcher in angemessener Anzahl (vgl. dazu Kapitel 5.3.1). Andernfalls handelt es sich um eine übernormale Abnutzung. In jedem Fall muss das Anbohren der Fliesen fachmännisch erfolgen. Bei nicht sachgemäßer Arbeit sind Sie schadensersatzpflichtig.

5.3.4 Wann Schönheitsreparaturen durchzuführen sind

Wann Schönheitsreparaturen fällig sind, richtet sich grundsätzlich nach dem Grad der Abnutzung der Wohnung. Während des Mietverhältnisses ist es dem Vermieter in der Regel gleichgültig, ob und wann der Mieter Renovierungen vornimmt. Deshalb stellt sich in erster Linie beim Auszug die Frage, ob der Mieter renovieren muss (vgl. dazu Kapitel 9.2).

In der Praxis wird im Mietvertrag häufig ein Fristenplan vereinbart, nach dem der Mieter innerhalb bestimmter Zeiträume die Wohnung zu renovieren hat. Zulässig sind solche Fristen nur, wenn sie angemessen sind und lediglich eine Regel vorgeben, dass nach ihrem Ablauf im Allgemeinen Renovierungsarbeiten erforderlich sind. Ausnahmen müssen also möglich bleiben, wenn der Mieter beweisen kann, dass die Wohnräume noch nicht renovierungsbedürftig sind.

Die Fristen sind für die einzelnen Räume unterschiedlich bemessen. Folgende Regelfristen werden für angemessen gehalten:

- Küche, Bad, Duschräume: alle drei Jahre,

- Wohn- und Schlafräume, Flur, Diele, Toilette: alle fünf Jahre,

- andere Nebenräume: alle sieben Jahre.

Achtung: Fristenpläne, die kürzere Zeiträume enthalten, sind unwirksam. Die Fristen dürfen erst vom Einzug des Mieters an berechnet werden. Vor Ablauf der Fristen muss der Mieter nur bei übermäßiger Abnutzung renovieren.

Wenn im Mietvertrag kein Fristenplan vereinbart wurde, ist für den Zeitpunkt, wann Schönheitsreparaturen durchzuführen sind, der Umfang der Wohnungsabnutzung maßgebend. Bei der Notwendigkeit von Schönheitsreparaturen können Sie sich in diesem Fall an den oben genannten Regelfristen orientieren. Die Fristen können im Einzelfall aber auch kürzer oder länger sein, je nach dem Grad der Abnutzung. So kann z. B. der Vermieter bei einem starken Raucher verlangen, das Wohnzimmer früher zu streichen.

6 Mieterhöhung wegen Modernisierung

Wenn der Vermieter die Wohnung modernisieren will, hat das für Sie als Mieter unter Umständen weitreichende Folgen: Sie müssen damit rechnen, dass der Vermieter im Anschluss an die Modernisierung die Miete erhöhen will, und Sie werden während der Modernisierungsarbeiten mit Beeinträchtigungen in der Nutzung Ihrer Wohnung rechnen müssen.

6.1 Instandhaltungs- und Instandsetzungsmaßnahmen des Vermieters sind keine Modernisierung

Ganz wichtig ist es, Modernisierungsmaßnahmen von der Instandhaltung und Instandsetzung der Mietsache abzugrenzen. Instandhaltungs- und Instandsetzungsmaßnahmen müssen Sie nämlich als Mieter ohne Weiteres dulden, während Sie eine Modernisierungsmaßnahme, wenn bestimmte Härtegründe vorliegen, nicht hinnehmen müssen. Und für Instandhaltungs- und Instandsetzungsmaßnahmen, zu denen der Vermieter verpflichtet ist, kann dieser die Miete nicht erhöhen, wohl aber für Modernisierungsmaßnahmen.

- Instandhaltung bedeutet die Aufrechterhaltung eines ordnungs- und vertragsgemäßen Zustands der Wohnung. Sie betrifft also vorbeugende Maßnahmen, durch die Schäden vermieden werden sollen. Bei der Instandsetzung geht es um die Behebung von Mängeln oder Schäden, die insbesondere durch Abnutzung, Alterung oder Witterungseinflüsse entstanden sind (z. B. Reparatur der Heizungsanlage); vgl. dazu Kapitel 5.1.

- Unter den Begriff der Modernisierung fallen dagegen solche Maßnahmen, die der Verbesserung der Mietsache oder der Schaffung neuen Wohnraums dienen (z. B. Verbesserung der Wärmedämmung, Einbau von Spartasten bei der Wasserspülung); vgl. unten. Eine Verbesserung liegt vor, wenn sich der Gebrauchswert

der Mietsache nachhaltig erhöht, sich die allgemeinen Wohnverhältnisse auf Dauer verbessern oder die Maßnahmen eine nach-
haltige Einsparung von Heizenergie oder Wasser bewirken.

Achtung: Fallen Instandsetzung und Modernisierung zusammen
(z. B. Ersatz verrotteter einfachverglaster Fenster durch Isolierglasfenster oder Erneuerung der Fassade mit gleichzeitiger
Wärmedämmung), muss der Vermieter die Kosten für die fällige
Instandsetzung von den Gesamtkosten abziehen. In diesem Fall
muss der Vermieter jede einzelne Maßnahme, die er auf die Miete umlegen will, als Wertverbesserung oder Energie oder Wasser
sparende Maßnahme nachweisen. Die Maßnahmen werden wie
Modernisierungen behandelt. Als Mieter müssen Sie also die
Maßnahme unter den gleichen Voraussetzungen dulden wie eine
Modernisierung.

6.2 Welche Modernisierungsmaßnahmen Sie dulden müssen

Als Mieter müssen Sie Modernisierungsmaßnahmen des Vermieters
grundsätzlich dulden, es sei denn, dass die Maßnahme für Sie, Ihre
Familie oder einen Angehörigen Ihres Haushalts eine Härte bedeu-
ten würde, die (so sagt es das Gesetz) »auch unter Würdigung der
berechtigten Interessen sowohl des Vermieters als auch anderer Mieter in dem Gebäude sowie von Belangen der Energieeinsparung und
des Klimaschutzes nicht zu rechtfertigen ist« (vgl. dazu Kapitel 6.4).

Typische Modernisierungsmaßnahmen sind bauliche Veränderungen

- durch die in Bezug auf die Mietsache Endenergie nachhaltig eingespart wird (energetische Modernisierung),

- durch die nicht erneuerbare Primärenergie nachhaltig eingespart
  oder das Klima nachhaltig geschützt wird,

- durch die der Wasserverbrauch nachhaltig reduziert wird,

- durch die der Gebrauchswert der Wohnung nachhaltig erhöht wird,

- durch die die allgemeinen Wohnverhältnisse auf Dauer verbessert werden,

- die aufgrund von Umständen durchgeführt werden, die der Vermieter nicht zu vertreten hat, und die keine Erhaltungsmaßnahmen sind, oder

- durch die neuer Wohnraum geschaffen wird.

Bauliche Maßnahmen, die nachhaltig Einsparungen von Heizenergie bewirken, sind insbesondere Maßnahmen zur wesentlichen Verbesserung der Wärmedämmung von Fenstern, Außentüren, Außenwänden, Dächern, Kellerdecken und obersten Geschossdecken, zur wesentlichen Veränderung des Energieverlustes und des Energieverbrauchs der zentralen Heizungs- und Warmwasseranlagen, zur Rückgewinnung von Wärme oder die Nutzung von Energie durch Wärmepumpen- und Solaranlagen.

Zu den energiesparenden Maßnahmen gehören die Verbesserung der Wärmedämmung von Fenstern und Außentüren durch Dichtung der Fugen, Isolier- oder Mehrfachverglasung, Vorsatzfenster bzw. Vorsatzflügel, neue Fenster bzw. Fenstertüren mit Isolier- oder Mehrfachverglasung, Rollläden oder Fensterläden, die Verbesserung der Wärmedämmung von Außenwänden, Dächern und Decken durch Aufbringen von Wärmedämmmaterial oder die Verminderung des Energieverlustes und des Energieverbrauchs dezentraler Heizungs- und Warmwasseranlagen durch Anpassung der Wasservolumenstärke oder der Heizkörperflächen an den Wärmebedarf der einzelnen Räume, der Reduzierung der Brennerleistung oder der Verbesserung der Wärmedämmung des Wärmeerzeugers und des Verteilernetzes.

Zu den Wasser sparenden Maßnahmen gehören der Einbau von Durchlaufbegrenzern, die Installation von Wasser reduzierenden Toilettenspülkästen anstelle der bisherigen Druckspüler, der Einbau von Wohnungswasserzählern (Zwischenzählern), die Errichtung von Regenwassersammelanlagen, die Anschaffung Wasser sparender Armaturen mit Wassermengenbegrenzung oder der Einbau von Spartasten.

Der Gebrauchswert der Wohnung wird u. a. nachhaltig erhöht, wenn eine Zentralheizung installiert wird, neue Toiletten, Duschen oder Bäder eingebaut werden, von Einzelöfen auf Nachtspeicher gewechselt wird, Schallschutzfenster eingebaut werden, Sicherheitsschlösser, Kellervergitterungen oder Rollläden angebracht werden oder ein Fahrstuhl eingebaut wird.

Achtung: Keine Verbesserung des Wohnwerts liegt vor, wenn eine Badewanne anstelle einer Dusche eingebaut wird, ein Gasherd gegen einen Elektroherd ausgetauscht werden soll, unsaubere und ungepflegte Kellerwände neu verputzt werden, eine funktionsfähige Haustür aus Holz gegen eine Metalltür ausgetauscht wird.

Auch Maßnahmen, die der Vermieter aufgrund von Umständen durchzuführen hat, die er nicht zu vertreten hat, fallen unter die Wohnungsmodernisierung, wenn sie keine Erhaltungsmaßnahmen sind (vgl. dazu Kapitel 5.1). In Betracht kommen Maßnahmen, zu deren Durchführung der Vermieter gesetzlich verpflichtet ist (z. B. Austausch einer veralteten Heizung aufgrund der Energiesparverordnung oder Wärmedämmmaßnahmen an der Kellerdecke).

Zu den vom Mieter zu duldenden Maßnahmen gehört auch die Schaffung neuen Wohnraums. Ob Sie als Mieter dabei einen Vorteil haben, spielt keine Rolle. Sie müssen also auch solche Ausbaumaßnahmen dulden, die der Vermieter zur Deckung seines eigenen Wohnbedarfs vornimmt. Zu den Maßnahmen zur Schaffung neuen Wohnraums zählen der Ausbau des Dachgeschosses, der Ausbau von bisherigen Nebenräumen zu einer Wohnung oder die Aufstockung eines Gebäudes.

6.3 Wann und wie Sie der Vermieter informieren muss

Als Mieter müssen Sie die Modernisierungsmaßnahme nur dulden, wenn der Vermieter Ihnen die Maßnahme rechtzeitig angekündigt hat. Spätestens drei Monate vor Beginn der Arbeiten muss der Vermieter Ihnen mitteilen, was er alles vorhat. Die Dreimonatsfrist ist eine Mindestfrist; sie darf überschritten, aber nicht unterschritten werden. Die vom Gesetz festgelegte Frist ist eine Überlegungsfrist; bevor sie abgelaufen ist, brauchen Sie keinerlei Maßnahmen zu dulden. Die Frist beginnt mit dem Zugang der Ankündigung beim Mieter zu laufen. Für die Berechnung der drei Monate kommt es auf den angekündigten Beginn der baulichen Maßnahmen an.

Die Ankündigung von Modernisierungsmaßnahmen ist ausnahmsweise entbehrlich bei Maßnahmen, die mit keiner oder nur mit einer unerheblichen Einwirkung auf die vermieteten Räume verbunden sind und zu keiner oder nur zu einer unerheblichen Erhöhung der Miete führen (z. B. beim Anschluss an das Breitbandnetz der Telekom und einer damit verbundenen Mieterhöhung von fünf Prozent).

Der Vermieter muss Ihnen mitteilen,

- welche Arbeiten er im Einzelnen durchführen will (handelt es sich um mehrere Maßnahmen, so muss jede Maßnahme gesondert aufgeführt werden);

- welchen Umfang die Arbeiten voraussichtlich haben; die Beschreibung des Vermieters muss so präzise sein, dass für Sie erkennbar ist, welche Maßnahmen durchgeführt werden, wie diese die Wohnung verändern und wie sie sich auf die Wohnungsnutzung auswirken;

 Beispiel: Beim Einbau einer Zentralheizung sind Anzahl, Größe und Platzierung der Heizkörper, Verlauf der Leitungen, Anzahl und Lokalisierung der Wanddurchbrüche mitzuteilen.

- wann die Arbeiten voraussichtlich beginnen und wie lange sie dauern werden (Angaben wie »die Arbeiten können relativ kurzfristig durchgeführt werden«, »werden voraussichtlich Mitte des Jahres beginnen« oder Beginn »spätestens im April« reichen nicht aus); verzögert sich der Beginn der Arbeiten nicht nur ganz unerheblich, muss der Vermieter die Maßnahme erneut vollständig anzeigen;

- die zu erwartende Mieterhöhung, wenn eine Erhöhung verlangt werden soll sowie die voraussichtlichen künftigen Betriebskosten (vgl. dazu Kapitel 6.8). Es ist ausreichend, wenn der Vermieter den Betrag der Mieterhöhung nennt, eine nähere Berechnung ist nicht erforderlich.

Achtung: Der Vermieter soll Sie in seiner Modernisierungsankündigung auch auf die Möglichkeit hinweisen, der Modernisierung wegen einer unzumutbaren Härte zu widersprechen. Ferner soll er Sie über die Form und Frist des Widerspruchs belehren.

Der Vermieter muss die Modernisierungsmaßnahme in Textform ankündigen. Die mündliche Ankündigung genügt also nicht den gesetzlichen Anforderungen. Der Vermieter kann aber seine Erklärung auch als Kopie, Fax oder Computer-Fax abgeben.

 Erfüllt Ihr Vermieter seine Ankündigungspflicht nicht, sind Sie nicht verpflichtet, die Modernisierungsmaßnahme zu dulden. Entsprechendes gilt, wenn der Vermieter die Mitteilungspflicht nicht formgerecht erfüllt oder er die Dreimonatsfrist unterschritten hat. Der Vermieter muss die Modernisierungsmaßnahme auch dann ankündigen, wenn er die Miete nicht erhöhen will.

6.4 Wann Sie die Modernisierungsmaßnahme ablehnen können

Als Mieter sind Sie nicht verpflichtet, eine vom Vermieter vorge-sehene Wohnungsmodernisierung hinzunehmen, wenn die Maß-nahme für Sie, Ihre Familie oder einen anderen Angehörigen Ihres Haushalts eine Härte bedeutet, die auch unter Würdigung der be-rechtigten Interessen des Vermieters und anderer Mieter im Haus sowie von Belangen der Energieeinsparung und des Klimaschutzes nicht zu rechtfertigen ist. Es ist also eine Interessenabwägung vor-zunehmen: Die Duldungspflicht entfällt, wenn Ihr Interesse und das Ihrer Angehörigen am Fortbestand der bisherigen Verhältnisse schwerer wiegt als das Interesse des Vermieters und der übrigen Mie-ter an der Modernisierung.

 Beispiel: Eine vom Vermieter vorgesehene Modernisierungs-maßnahme kann für Sie unzumutbar sein, weil Sie oder ein Familienmitglied krank, alt oder schwanger ist. Die Unzumut-barkeit kann sich auch aus der baulichen Maßnahme selbst ergeben. In diesem Zusammenhang kann zum Beispiel eine Modernisierungsmaßnahme für einen älteren oder körperlich behinderten Mieter wegen der Schmutz- und Lärmbelastung unzumutbar sein. Entsprechendes gilt für den Einbau von neuen Fenstern und Türen während der kalten Jahreszeit, weil hier der Zeitpunkt, an dem die Bauarbeiten durchgeführt werden, für Sie nicht zumutbar ist.

Auch die baulichen Folgen können für den Mieter unzumutbar sein. Das ist u. a. der Fall, wenn

- der Charakter einer Wohnung durch weitreichende Ein- oder Umbauten grundlegend verändert wird,

- die Lichtverhältnisse durch kleinere Fensteröffnungen verschlech-tert werden,

- die Wohnfläche um 27 % vergrößert und die Miete deshalb um 41 % angehoben werden soll,

- der Einbau von Isolierfenstern mit der Gefahr des Eintritts von Feuchtigkeitsschäden verbunden ist.

Eine Härte kann auch dann vorliegen, wenn durch die Baumaßnahme »vorangegangene Verwendungen des Mieters« unbrauchbar würden und der Mieter erhebliche wirtschaftliche Nachteile erleiden würde. Das ist zum Beispiel der Fall, wenn Sie vor nicht allzu langer Zeit mit Zustimmung des Vermieters eine Etagenheizung eingebaut haben, die Sie wegen der geplanten Installation einer Zentralheizung nicht mehr weiter verwenden könnten, und Sie darauf vertrauen durften, dass Sie den wirtschaftlichen Wert der Anlage durch eine längere Nutzung werden ausnützen können. Und auch wenn Sie mit Zustimmung des Vermieters selbst ein Bad eingebaut haben, müssen Sie den Einbau eines neuen Bades nicht hinnehmen.

Auch die zu erwartende Mieterhöhung kann für Sie eine unzumutbare Härte darstellen. Mit einem entsprechenden Einwand können Sie allerdings nicht die Modernisierung selbst, sondern nur die anschließende Modernisierungsmieterhöhung verhindern. Eine solche Mieterhöhung ist unzumutbar, wenn die neue Miete 25 bis 30 % (die Gerichte ziehen eine unterschiedliche Grenze) des Nettoeinkommens ausmacht, ferner, wenn zum Beispiel die anschließende Miete mehr als die Hälfte der Rente des Mieters aufzehren würde.

Und selbstverständlich brauchen Sie die Modernisierung auch dann nicht dulden, wenn sie vom Vermieter nicht wirksam angekündigt wurde (außer bei Bagatellmaßnahmen).

 Umstände, die eine Härte im Hinblick auf die Duldung oder die Mieterhöhung begründen, müssen Sie dem Vermieter in Textform (schriftlich, per Fax oder E-Mail) mitteilen. Ihren Widerspruch müssen Sie begründen. Sie müssen ihn bis spätestens zum Ablauf des Monats erheben, der auf den Zugang des Ankündigungsschreibens folgt.

Beispiel: Wenn Ihnen die Modernisierungsankündigung am 12. Februar zugeht, muss dem Vermieter Ihr Widerspruch gegen die Modernisierung spätestens am 31. März vorliegen.

Wenn Sie der geplanten Modernisierungsmaßnahme widersprechen, muss Sie der Vermieter auf Duldung verklagen. Er darf also nicht einfach mit den Maßnahmen beginnen oder das Mietverhältnis fristlos kündigen. Über die Klage des Vermieters entscheidet das zuständige Gericht, indem es prüft, ob Sie die vom Vermieter beabsichtigte Modernisierungsmaßnahme dulden müssen oder nicht.

Wenn Sie als Mieter die Modernisierungsmaßnahme dulden müssen, haben Sie die Arbeiten lediglich hinzunehmen. Das bedeutet, dass Sie den mit der Ausführung der Maßnahme beauftragten Personen Zutritt zu Ihrer Wohnung gewähren müssen und Sie die Arbeiten nicht stören oder behindern dürfen. Zur Mithilfe sind Sie nicht verpflichtet.

6.5 Wann Sie Aufwendungsersatz verlangen können

Aufwendungen, die Sie als Mieter wegen einer Modernisierungsmaßnahme machen mussten, hat Ihnen der Vermieter zu ersetzen. Sie können vom Vermieter auch einen Vorschuss verlangen; der Anspruch besteht dann in Höhe der mutmaßlich anstehenden Aufwendungen. Nach Abschluss der Modernisierung müssen Sie dann über den Vorschuss abrechnen.

Beispiel: Zu den Aufwendungen, die Ihnen der Vermieter ersetzen muss, gehören u. a. Renovierungskosten, es sei denn, dass eine Renovierung ohnehin fällig gewesen wäre, Reinigungskosten, Kosten einer Hotelunterkunft, Kosten der Einlagerung von Möbeln und Hausrat oder der Ersatz des eigenen Zeitaufwands (z. B. Wohnungsbesichtigung).

6.6 Wann Sie wegen der Baumaßnahmen die Miete mindern können

Wenn während der Durchführung der Modernisierung der Gebrauch Ihrer Wohnung wegen der Arbeiten beeinträchtigt ist, können Sie die Miete mindern. Dokumentieren Sie auf jeden Fall die Beeinträchtigungen und zeigen Sie diese Ihrem Vermieter an. Andernfalls laufen Sie Gefahr, Ihr Minderungsrecht wegen der fehlenden Anzeige zu verlieren (vgl. im Einzelnen Kapitel 8.2).

Achtung: Bei energetischen Modernisierungen (vgl. dazu Kapitel 8.3.3) ist für die Dauer der ersten drei Monate eine Mietminderung ausgeschlossen. Kommt es bei diesen Maßnahmen zu Beeinträchtigungen (z. B. durch Lärm oder Schmutz), müssen Sie in den ersten drei Monaten die volle Miete zahlen.

6.7 Sie haben ein Sonderkündigungsrecht wegen Modernisierung

Wenn der Vermieter die Wohnung modernisieren will, steht Ihnen ein gesetzliches Sonderkündigungsrecht zu. Die Kündigungsfrist ist allerdings sehr kurz: Wenn die Modernisierungsankündigung zugeht, muss die Kündigung dem Vermieter zum Ende des nächsten Monats zugehen und zum Ende des nächsten Monats ausgesprochen werden. Ihre Überlegungsfrist beträgt also mindestens einen Monat und maximal zwei Monate. Im Falle der Kündigung darf der Vermieter die Modernisierung erst durchführen, wenn Sie die Wohnung geräumt haben.

 Beispiel: Der Vermieter kündigt am 19.7. die Modernisierung an; Ihre Überlegungsfrist läuft dann bis 31.8. Kündigen Sie bis dahin, endet das Mietverhältnis am 30.9.

Kein Kündigungsrecht steht Ihnen ausnahmsweise bei Maßnahmen zu, die mit keiner oder nur mit einer unerheblichen Einwirkung auf die vermieteten Räume verbunden sind und zu keiner oder nur zu einer unerheblichen Erhöhung der Miete führen.

> **!** Bei der Kündigung kommt es nicht darauf an, aus welchen Motiven Sie kündigen. Es reicht allein aus, dass Ihnen eine Mitteilung über eine beabsichtigte Modernisierungsmaßnahme zugegangen ist. Bevor Sie kündigen, sollten Sie aber unbedingt prüfen, ob es sich überhaupt um eine von Ihnen zu duldende Modernisierung handelt oder ob die geplante Maßnahme für Sie eine besondere Härte bedeutet und Sie die Maßnahme deshalb gar nicht dulden müssen. In diesen Fällen erübrigt sich dann nämlich Ihre Kündigung, weil der Vermieter die Modernisierungsmaßnahme nicht durchführen darf.

6.8 Wenn der Vermieter wegen der Modernisierung die Miete erhöhen will

Im Regelfall wird der Vermieter nach einer Modernisierung die mit dem Mieter vereinbarte Miete erhöhen wollen. Dazu ist er auch grundsätzlich berechtigt, wenn er bauliche Maßnahmen durchführt,

- durch die in Bezug auf die Mietsache Endenergie nachhaltig eingespart wird (energetische Modernisierung),

- durch die der Wasserverbrauch nachhaltig reduziert wird,

- durch die der Gebrauchswert der Wohnung nachhaltig erhöht wird,

- durch die die allgemeinen Wohnverhältnisse auf Dauer verbessert werden,

- die aufgrund von Umständen durchgeführt werden, die der Vermieter nicht zu vertreten hat, und die keine Erhaltungsmaßnahmen sind.

Wegen der Einzelheiten zu diesen baulichen Maßnahmen vgl. dazu Kapitel 6.2. Der Möglichkeit des Vermieters, die Miete wegen einer Modernisierungsmaßnahme zu erhöhen, setzt das Gesetz allerdings Grenzen.

Achtung: Die Mieterhöhung nach einer Modernisierung ist ausgeschlossen, wenn durch die baulichen Maßnahmen lediglich nicht erneuerbare Primärenergie eingespart wird, das Klima geschützt oder neuer Wohnraum geschaffen wird.

 Als Mieter können Sie die Erhöhung der Miete vermeiden, wenn Sie von Ihrem Sonderkündigungsrecht Gebrauch machen. Vgl. dazu Kapitel 6.7.

6.8.1 Wann der Vermieter die Miete ausnahmsweise nicht erhöhen darf

Der Vermieter darf die Miete nicht erhöhen, wenn er sich bereits bei Abschluss des Mietvertrags verpflichtet hat, die Wohnung zu modernisieren, und Sie nur unter dieser Bedingung den Mietvertrag unterschrieben haben. Eine Mieterhöhung wegen Modernisierung ist auch dann ausgeschlossen, wenn dies im Mietvertrag ausdrücklich so vereinbart ist.

Außerdem darf der Vermieter die Miete nicht erhöhen, wenn eine Staffel- oder Indexmiete vereinbart wurde (vgl. dazu Kapitel 1.2.3). Bei der Indexmiete darf der Vermieter die Miete allerdings dann erhöhen, wenn bauliche Maßnahmen aufgrund von Umständen erforderlich werden, die der Vermieter nicht zu vertreten hat (z. B. aufgrund öffentlich-rechtlicher Vorschriften oder behördlicher Anordnung).

Als Mieter müssen Sie die Erhöhung der Miete auch dann nicht hinnehmen, wenn Sie die Modernisierung abgelehnt haben, weil Sie nicht verpflichtet waren, diese zu dulden (vgl. dazu Kapitel 6.4).

Ferner ist die Mieterhöhung ausgeschlossen, wenn die modernisierungsbedingte Erhöhung der Miete auch unter Berücksichtigung der voraussichtlichen künftigen Betriebskosten für Sie zu einer finanziellen Härte führt, die auch unter Würdigung der berechtigten Interessen des Vermieters nicht zu rechtfertigen ist. Dies ist der Fall, wenn die Miete nach dem Abschluss der Modernisierungsarbeiten mehr als 30 % (manche Gerichte gehen auch von 40 % aus) des Haushaltsnettoeinkommens ausmacht. Nicht berücksichtigt wird die finanzielle Härte, wenn die Mietsache lediglich in einen Zustand versetzt wurde, der allgemein üblich ist, oder die Modernisierungsmaßnahme aufgrund von Umständen durchgeführt wurde, die der Vermieter nicht zu vertreten hatte.

Dass eine finanzielle Härte vorliegt, müssen Sie im Streitfall vor Gericht nachweisen, indem Sie Ihre Einkommensverhältnisse offenlegen. Den Einwand der finanziellen Härte müssen Sie innerhalb der gesetzlichen Frist, das heißt bis zum Ablauf des Monats, der auf den Zugang der Ankündigung der Modernisierung folgt, in Textform mitteilen (vgl. dazu Kapitel 6.3).

6.8.2 Welche Möglichkeiten der Mieterhöhung der Vermieter hat

Im freien Wohnungsbau hat der Vermieter im Falle einer Modernisierung drei Möglichkeiten, die Miete zu erhöhen:

- Er kann auf der Grundlage der ihm entstandenen Kosten elf Prozent seiner Modernisierungsaufwendungen auf die Jahresmiete aufschlagen.

- Er kann die Miete unter Berufung auf die ortsübliche Vergleichsmiete erhöhen, weil die Miete im Regelfall aufgrund der verbesserten Ausstattung im Vergleich zum Altzustand höher sein wird. In diesem Fall muss er die allgemeinen Voraussetzungen einer solchen Mieterhöhung einhalten (vgl. dazu Kapitel 4). Nicht zulässig ist es aber, dass der Vermieter zuerst die Miete auf die ortsübliche Vergleichsmiete für die modernisierte Wohnung erhöht und danach noch zusätzlich den Modernisierungszuschlag von elf Prozent der Modernisierungsaufwendungen erhebt.

- Schließlich kann der Vermieter mit Ihnen im laufenden Mietverhältnis vereinbaren, dass sich die Miete nach einer Modernisierung um einen bestimmten Betrag erhöht. Nicht zulässig ist die Vereinbarung einer Modernisierungsmieterhöhung bei Abschluss des Mietvertrags. Wenn im laufenden Mietverhältnis eine entsprechende Mieterhöhung vereinbart wird, darf durch diese von den gesetzlichen Regelungen nicht zum Nachteil des Mieters abgewichen werden. Voraussetzung für die Wirksamkeit der Vereinbarung ist also, dass sich die Erhöhung an der gesetzlich vorgesehenen Umlage ausrichtet oder diese unterschreitet, erst drei Monate nach Ende der Modernisierungsmaßnahmen wirksam wird und die Modernisierungskosten für den Mieter nachvollziehbar gemacht werden (vgl. dazu die folgenden Ausführungen).

6.8.3 Wie hoch die Modernisierungsmieterhöhung sein darf

Durch eine Modernisierungsmieterhöhung kann die jährliche Miete um elf Prozent der Modernisierungskosten erhöht werden. Ein Zwölftel davon bildet dann die monatliche Mieterhöhung zur zuletzt gezahlten monatlichen Miete. Sind die baulichen Maßnahmen für mehrere Wohnungen durchgeführt worden, so sind die Kosten angemessen auf die einzelnen Wohnungen aufzuteilen.

Die Mieterhöhung ist grundsätzlich nach den Kosten zu berechnen, die vom Vermieter für die Wohnung aufgewendet worden sind. Umlagefähig sind nur die Kosten für solche baulichen Änderungen, durch die

- in Bezug auf die Mietsache Endenergie nachhaltig eingespart wird (energetische Modernisierung),

- der Wasserverbrauch nachhaltig reduziert wird,

- der Gebrauchswert der Wohnung nachhaltig erhöht wird oder

- die allgemeinen Wohnverhältnisse auf Dauer verbessert werden.

Außerdem darf der Vermieter auch die Kosten für solche Maßnahmen zur Modernisierung ansetzen, die er aufgrund von Umständen durchführen muss, die er nicht zu vertreten hat. Das sind in erster Linie Änderungen, die dem Vermieter gesetzlich vorgeschrieben werden (z. B. die Kosten für den Einbau von Thermostatventilen).

Zu den berücksichtigungsfähigen Kosten gehören in erster Linie die Baukosten, also Material- und Handwerkerkosten. Als Kosten darf der Vermieter in diesem Zusammenhang auch die seiner Eigenleistungen ansetzen, also die Kosten, die er sonst einem Handwerker hätte zahlen müssen. Voraussetzung ist allerdings, dass seine Handwerkerleistungen zumindest durchschnittlicher Qualität entsprechen. Neben den Baukosten darf der Vermieter auch die sogenannten Nebenkosten umlegen; das sind die Kosten, die in einem ursächlichen Zusammenhang mit der Modernisierungsmaßnahme entstehen (z. B. Reinigungskosten). Nicht als Baunebenkosten umlegbar sind allerdings reine Verwaltungsleistungen wie die Koordinierung und die Überwachung der Arbeiten.

Achtung: Kosten für reine Instandhaltungs- und Instandsetzungsmaßnahmen darf der Vermieter nicht auf die Miete umlegen. Schließlich dienen diese Kosten nur dazu, den Gebrauchswert der Wohnung zu erhalten. Die entsprechenden Kosten hat deshalb allein der Vermieter zu tragen.

In der Praxis ist es allerdings häufig schwer, Reparaturarbeiten von Modernisierungsmaßnahmen zu unterscheiden. Wenn der Vermieter z. B. morsche, einfach verglaste Holzfenster durch einfach verglaste Kunststofffenster ersetzt, liegt lediglich eine Instandsetzung vor, die den Vermieter nicht zur Mieterhöhung wegen Modernisierung berechtigt. Eine Modernisierungsmaßnahme liegt aber dann vor, wenn der Vermieter einfach verglaste Holzfenster gegen doppelt verglaste Kunststofffenster ersetzt. Und wenn morsche, einfach verglaste Holzfenster gegen doppelt verglaste Kunststofffenster ausgewechselt werden, handelt es sich sowohl um eine Reparatur als auch um eine Modernisierung. Deshalb muss der Vermieter die Kosten, die er durch die Reparatur der morschen Holzfenster gespart hat, von den ihm entstandenen Kosten abziehen. Umlagefähig sind in diesem Fall also lediglich die Mehrkosten der doppelt verglasten Kunststofffenster gegenüber jenen für einfach verglaste Fenster. Waren dagegen die alten Fenster nicht reparaturbedürftig, kann der Vermieter die gesamten Modernisierungskosten ansetzen.

 Beispiel: A zahlt € 300,– monatlich Miete. Der Vermieter ersetzt die morschen Holzfenster durch Isolierglasfenster. Seine Kosten belaufen sich auf € 5 000,–. Abzuziehen sind fiktive Reparaturkosten von € 800,–. Mithin belaufen sich die Modernisierungskosten auf € 4 200,–. Davon kann der Vermieter elf Prozent, also € 462,– auf die Miete aufschlagen. Die monatliche Mieterhöhung beträgt € 38,50, die neue Miete € 338,50 monatlich. Diese Mietzinserhöhung ist zeitlich unbegrenzt.

Nicht umlegen darf der Vermieter auch

- die Zinsen für einen Kredit, den er für die Modernisierung aufnimmt,

- Kreditbeschaffungskosten (z. B. Disagio, Notar- und Grundbuchgebühren),

- den Mietausfall, wenn z. B. der Mieter wegen der Baumaßnahmen vorübergehend keine Miete zahlt.

Bei der Berechnung der Mieterhöhung müssen öffentliche Fördermittel angerechnet werden. Der Vermieter ist allerdings nicht verpflichtet, eine mögliche finanzielle Förderung in Anspruch zu nehmen. Wenn er es aber tut, muss er die finanziellen Vorteile an den Mieter weitergeben. Vom Bauaufwand abzuziehen sind also Kosten, die mit Zuschüssen aus öffentlichen Mitteln gedeckt worden sind. Und eine Förderung durch zinsverbilligte oder zinslose Darlehen muss zwangsläufig eine Kürzung des Mieterhöhungsbetrags zur Folge haben.

Wenn sich der Mieter an den Modernisierungsaufwendungen des Vermieters beteiligt (z. B. in Form eines Mietdarlehens oder einer Mietvorauszahlung), muss der Vermieter diese Leistungen selbstverständlich auch bei der Mieterhöhung zugunsten des Mieters berücksichtigen.

Als Mieter haben Sie grundsätzlich das Recht, die Originalunterlagen, die der Mieterhöhung zugrunde liegen, einzusehen. Sie können also z. B. vom Vermieter verlangen, dass er Ihnen die Handwerkerrechnungen oder die Materialrechnungen vorlegt. In diesem Zusammenhang haben Sie dann auch Gelegenheit zu prüfen, ob es sich bei den durchgeführten baulichen Maßnahmen um Modernisierungsmaßnahmen handelt, die den Vermieter zur Erhöhung der Miete berechtigen, oder eine Reparatur, also eine Instandsetzungsmaßnahme vorliegt, für die allein der Vermieter aufkommen muss.

6.8.4 Wie eine wirksame Modernisierungsmieterhöhung aussehen muss

Der Vermieter muss Ihnen die Mieterhöhung schriftlich oder in Textform (z. B. per Fax oder E-Mail) erläutern. Die Mieterhöhung ist nur wirksam, wenn sie eingehend erklärt ist. Der Vermieter muss die jeweiligen baulichen Maßnahmen so genau angeben, dass Sie hieraus die Wohnwertverbesserung oder Energie- bzw. Wassereinsparung ableiten können. Der Vermieter darf auf entsprechende Angaben in der Modernisierungsankündigung Bezug nehmen.

Beispiel: Der Vermieter muss z. B. den Energiespareffekt nachvollziehbar darlegen. Wenn Isolierglasfenster durch neue Fenster ersetzt werden, muss der Vermieter auch den Zustand der alten Fenster beschreiben, weil der Mieter nur dann den vom Vermieter behaupteten Energiespareffekt beurteilen kann.

Die Berechnung der Mieterhöhung muss transparent und für jede Maßnahme gesondert erfolgen. Die Erläuterungen müssen inhaltlich so gestaltet sein, dass die Berechnung der Mieterhöhung ohne besondere Vorkenntnisse überprüft und deren Angemessenheit zumindest überschlägig beurteilt werden kann. Notwendig sind folgende Angaben:

- Gesamtbetrag der Baukosten;

- Aufteilung auf die einzelnen Modernisierungsmaßnahmen;

- Aufteilung nach Gewerken innerhalb der einzelnen Maßnahmen;

- Mieterhöhung pro Monat.

Achtung: Hat der Vermieter gleichzeitig Instandsetzungsmaßnahmen durchgeführt, so muss er den Anteil der nicht umlagefähigen Instandsetzungskosten angeben und erläutern. Es reicht also nicht aus, einen pauschalen Betrag abzuziehen. Der Abzug muss sich auf die einzelnen Maßnahmen und Gewerke beziehen. Die Einzelmaßnahmen müssen im Mieterhöhungsverlangen ausführlich und verständlich auch dahin gehend erläutert werden, was die Instandsetzungsarbeiten gekostet hätten.

Als Mieter haben Sie keinen Anspruch darauf, dass der Vermieter der Mieterhöhung die Rechnung und Belege beifügt oder Ihnen diese vorlegt. Allerdings können Sie Einsicht in die Unterlagen verlangen (vgl. oben).

Wenn der Vermieter gegen die genannten Grundsätze verstößt, ist die Mieterhöhung unwirksam. Allerdings kann er die Modernisierungsmieterhöhung jederzeit in verbesserter Form wiederholen. Es ist allerdings erforderlich, dass der Vermieter die Mieterhöhung vollständig neu vornimmt. Eine nachträgliche Heilung der Unwirksamkeit (z. B. indem der Vermieter Informationen nachreicht) ist nicht möglich.

Achtung: Nach dem Wirtschaftsstrafgesetz darf der Vermieter keine unangemessen hohe Miete verlangen. Die Miete kann auch dann unangemessen hoch sein, wenn sie nach einer Mieterhöhung wegen Modernisierung die ortsübliche Miete (vgl. dazu Kapitel 4.4) um 20 % übersteigt. Eine an sich zulässige Mieterhöhung wegen Modernisierung kann deshalb auch insoweit unwirksam sein, als die ortsübliche Miete um mehr als 20 % überschritten wird.

6.8.5 Wann die erhöhte Miete fällig wird

Eine wirksame Modernisierungsmieterhöhung gilt nicht sofort, sondern erst mit dem Beginn des dritten Monats, nachdem sie Ihnen zugegangen ist.

 Beispiel: Die Modernisierungsmaßnahme wurde am 15.7. abgeschlossen. Dem Mieter geht das Mieterhöhungsschreiben am 17.7. zu. Die neue Miete ist dann ab Oktober zu entrichten.

Die Frist verlängert sich um weitere sechs Monate, wenn

- der Vermieter Ihnen die Modernisierungsmaßnahmen nicht oder nicht ordnungsgemäß angekündigt hat oder
- die tatsächliche Mieterhöhung gegenüber der Ankündigung um mehr als 10 % nach oben abweicht.

Beispiel: Der Vermieter hat vergessen, den Mieter vor Beginn der Modernisierungsmaßnahme über die voraussichtliche Mieterhöhung zu informieren. Dieses Versäumnis holt er erst nach Abschluss der Maßnahme zusammen mit der Mieterhöhungserklärung nach. Wenn dem Mieter dieses Schreiben im September zugestellt wird, ist die neue Miete erst ab Juni zu entrichten.

6.8.6 Sie haben ein Sonderkündigungsrecht wegen der Mieterhöhung

Nach Zugang der Mieterhöhungserklärung können Sie das Mietverhältnis bis zum Ende des zweiten Monats, der auf den Zustellungsmonat der Mieterhöhungserklärung folgt, für den Ablauf des übernächsten Monats kündigen. Im Falle der Kündigung tritt die Mieterhöhung nicht ein.

Beispiel: Wenn dem Mieter die Mieterhöhungserklärung im Juni zugeht, muss die Kündigung bis Ende August mit Wirkung zum 31.10. erfolgen.

7 Modernisierungen durch den Mieter

Häufig ist der Mieter daran interessiert, seine Wohnung attraktiver oder gemütlicher zu gestalten. Und wenn er schon längere Zeit die Wohnung gemietet hat, können sich auch seine Bedürfnisse verändern. So besteht etwa der Wunsch nach einem weiteren Kinderzimmer oder ein älterer Mieter kommt mit den Duscheinstiegen nicht klar. Oder der Mieter will einfach mehr Komfort und will einen Wandschrank einbauen oder einen neuen Parkettboden verlegen.

Wenn der Vermieter nicht bereit ist, in seine Wohnung zu investieren, stellt sich für den Mieter die Frage, ob er die Mietwohnung selbst durch bauliche Maßnahmen verbessern darf und der Vermieter solche Maßnahmen dulden muss. Zum anderen wird der Mieter ein Interesse daran haben, seine Investitionen abzusichern, wenn er wider Erwarten einmal ausziehen muss.

7.1 Wann Sie die Erlaubnis des Vermieters benötigen

Als Mieter sind Sie gut beraten, in Ihrer Wohnung nicht einfach gravierende bauliche Veränderungen ohne Zustimmung des Vermieters durchzuführen, andernfalls drohen Schadensersatzforderungen, unter Umständen sogar die fristlose Kündigung. Ferner müssen Sie vorgenommene Um- und Einbauten, die Sie ohne Erlaubnis des Vermieters vorgenommen haben, bei Auszug auf Verlangen des Vermieters entschädigungslos entfernen.

Ob Sie als Mieter selbst Modernisierungsmaßnahmen durchführen dürfen, hängt zunächst davon ab, ob der Mietvertrag hierzu eine Regelung trifft oder nicht.

Wenn im Mietvertrag vereinbart ist, dass der Vermieter Einbauten, Einrichtungen und Installationen des Mieters generell (also auch geringfügige Änderungen) ausdrücklich erlauben muss, haben Sie einen Anspruch auf Zustimmung zur geplanten Maßnahme, wenn sich diese im Rahmen des vertragsgemäßen Gebrauchs hält.

Beispiel: Zum vertragsgemäßen Gebrauch gehören z. B. der Anschluss einer Duschkabine, die Verlegung eines Fernsprechanschlusses, die Anbringung einer Markise, die Einrichtung einer Fernseh(zusatz)antenne. In diesen Fällen darf der Vermieter seine Zustimmung nicht verweigern.

Ist im Mietvertrag über die Mietermodernisierung nichts geregelt, so hängt die Zulässigkeit von der Art der Modernisierungsmaßnahme ab. Generell gilt: Maßnahmen, die dem vertragsgemäßen Gebrauch dienen, keinen erheblichen Eingriff in die Gebäudesubstanz zur Folge haben und sich bei Beendigung des Mietverhältnisses leicht wieder beseitigen lassen, dürfen Sie ohne Zustimmung des Vermieters vornehmen. Bauliche Veränderungen, die die Bausubstanz der Wohnung verändern, bedürfen der Zustimmung des Vermieters.

Achtung: Die Abgrenzung zwischen erlaubter Nutzung und erlaubnispflichtiger baulicher Veränderung ist manchmal schwierig. Gehen Sie deshalb auf Nummer sicher und holen Sie im Zweifel vor Durchführung der Maßnahme rechtlichen Rat ein.

Folgende baulichen Maßnahmen hielten die Gerichte ohne Zustimmung des Vermieters für zulässig:

- Einbau eines Hochbetts;

- Ersatz eines Kohlebadeofens durch einen Durchlauferhitzer;

- Ausstattung des Balkons mit einer Außensteckdose;

- Ausstattung des Wohnungseingangs mit zusätzlichen Sicherheitsvorrichtungen (ausgenommen nach außen gerichtete Videoinstallationen);

- Montage von Einbauschränken;

- Aufteilung eines Zimmers durch Leichtbauwände;

- Aufstellung eines Pavillon-Zeltes auf der Terrasse;

- Ersatz eines vom Vermieter gestellten PVC-Bodens durch einen Teppichboden;

- Montage einer Einbauküche;

- Verkleidung von Decken und Wänden mit einer Holzvertäfelung;

- Installation einer Türklingel.

Der Vermieter ist verpflichtet, den Mietern die Grundversorgung für Rundfunk- und Fernsehempfang zu ermöglichen, allerdings nicht notwendig durch eigene Einrichtungen, aber indem er notfalls die Installation der notwendigen Einrichtungen zulässt. Ermöglicht die Wohnung keinen Fernsehempfang, so dürfen auch deutsche Mieter auf eigene Kosten auf dem Hausdach eine eigene Antenne oder eine Kabelversorgung installieren. Ausländische Mieter können vom Vermieter die Genehmigung verlangen, eine Parabolantenne zu montieren, wenn ihnen der Empfang von Programmen in ihrer Muttersprache anders nicht möglich ist. Existiert eine Satelliten- oder Kabelanlage, die den Empfang von Programmen in der Muttersprache des Mieters ermöglicht, so muss der Vermieter keine Parabolantenne genehmigen, sondern kann den Mieter darauf verweisen, selbst wenn dieser dafür einen Decoder montieren und monatliche Zusatzgebühren entrichten muss.

Achtung: Sie dürfen auf keinen Fall für den Rundfunk- und Fernsehempfang ohne Zustimmung des Vermieters Installationen vornehmen. Notfalls müssen Sie eine entsprechende Genehmigung vorher einklagen. Der Vermieter darf den Standort der Installationen bestimmen und kann von Ihnen die Montage durch einen Fachmann, den Abschluss einer Haftpflichtversicherung sowie eine getrennt vom Vermögen des Vermieters anzulegende Kaution für die Rückbaukosten bei Auszug verlangen.

Für bauliche Maßnahmen, die in die Gebäudesubstanz eingreifen, benötigen Sie die Zustimmung des Vermieters.

 Beispiel: Die Zustimmung des Vermieters ist erforderlich u. a. für den Einbau eines Bades, einer Etagenheizung oder einer Sauna, die Installation von Isolierglasfenstern, die Verkleidung von Decken mit Styroporplatten, für Wanddurchbrüche, Verlegen von Wasserleitungen und Versetzen von Türen.

7.2 Vermieter entscheidet über Mietermodernisierung

Der Vermieter darf grundsätzlich frei entscheiden, ob er der von Ihnen vorgesehenen baulichen Maßnahme zustimmt oder nicht. Er darf dabei aber seine rechtliche Stellung nicht missbrauchen. Er hat also eine sachgerechte Entscheidung zu treffen, wenn Sie ihn über Ihre Pläne so informieren, wie es der Vermieter bei einer Modernisierung seinerseits auch tun müsste (vgl. dazu Kapitel 6.3). Die Ankündigung der Modernisierung sollte also dem Vermieter drei Monate vor Beginn der Baumaßnahme zugehen. In der Ankündigung sollten die geplanten Maßnahmen genau beschrieben werden und dem Vermieter sollte mitgeteilt werden, wann mit den Arbeiten begonnen und wie lange sie dauern werden. Die Kosten der Maßnahme müssen nicht unbedingt dargelegt werden.

Grundsätzlich ist der Vermieter berechtigt, seine Zustimmung zur baulichen Maßnahme des Mieters von Auflagen und Bedingungen abhängig zu machen. So kann der Vermieter etwa verlangen, dass die Arbeiten von einem Fachmann durchgeführt werden müssen, der Mieter eine Sicherheitsleistung erbringt und dass eine Haftpflichtversicherung für etwaige Bau- und Betriebsschäden abgeschlossen wird.

7.3 Wenn Sie behindertengerecht umbauen wollen

Der Umbau der Wohnung durch den Mieter kann insbesondere dann notwendig sein, wenn der Mieter wegen Altersbeschwerden oder gar einer Behinderung auf eine behindertengerechte Nutzung seiner vier Wände angewiesen ist. Kraft Gesetzes kann deshalb der Mieter vom Vermieter die Zustimmung zu baulichen Veränderungen oder sonstigen Einrichtungen verlangen, die für eine behindertengerechte Nutzung oder den Zugang zu ihr erforderlich sind, wenn er ein berechtigtes Interesse daran hat. Der Vermieter kann seine Zustimmung nur verweigern, wenn sein Interesse an der unveränderten Erhaltung der Mietsache oder des Gebäudes das Interesse des Mieters an einer behindertengerechten Nutzung der Wohnung überwiegt.

Der Begriff »Behinderung« umfasst sämtliche erheblichen bzw. dauerhaften Einschränkungen der Bewegungsfähigkeit des Mieters. Dabei kommt es nicht darauf an, ob diese bereits bei Beginn des Mietverhältnisses vorhanden sind oder erst im Laufe des Mietverhältnisses entstehen. Den Anspruch auf Durchführung von baulichen Maßnahmen zur behindertengerechten Nutzung der Mietwohnung können deshalb auch alte Menschen geltend machen, die durch eine altersgerechte Umgestaltung ihrer Wohnung einen Umzug ins Pflegeheim vermeiden können.

Durch die gesetzliche Regelung wird nicht nur der Mieter begünstigt. Ein Anspruch besteht auch in den Fällen, in denen ein in der Wohnung des Mieters lebender Angehöriger oder Lebensgefährte in seiner Bewegungsfähigkeit eingeschränkt wird. Geschützt sind damit alle Personen, die der Mieter berechtigterweise in seiner Wohnung aufgenommen hat. Gleichgültig ist, ob die Person Partei des Mietvertrags ist oder nicht.

 Beispiel: Bauliche Maßnahmen zur behindertengerechten Nutzung der Wohnung sind u. a. die Verbreiterung von Türen, eine behindertengerechte Nasszelle, die Montage von Gehhilfen oder die Installation einer Notrufeinrichtung.

Der Vermieter kann seine Zustimmung nur verweigern, wenn sein Interesse (einschließlich des berechtigten Interesses anderer Mieter im Haus) an einem unveränderten Zustand des Gebäudes die Interessen an einer behindertengerechten Nutzung überwiegt.

Bei der Abwägung der beiderseitigen Interessen spielen u. a. folgende Kriterien eine Rolle:

- die Art, Dauer und Schwere der Behinderung,

- die Notwendigkeit der Maßnahme,

- der Umfang und die Dauer der Maßnahme,

- die Dauer der Bauzeit,

- die Möglichkeit des Rückbaus,

- die baurechtliche Genehmigungsfähigkeit,

- der Umfang der Beeinträchtigungen der übrigen Mieter während der Bauzeit,

- Auswirkungen auf die vertragsgemäße Nutzung des Gebäudes durch die anderen Mieter,

- mögliche zusätzliche Haftungsrisiken des Vermieters aufgrund der ihm obliegenden Verkehrssicherungspflicht.

Achtung: Der Vermieter darf seine Zustimmung zu einer baulichen Veränderung davon abhängig machen, dass der Mieter eine Sicherheit für die Wiederherstellung des ursprünglichen Zustands leistet. Der Vermieter kann diese Sicherheit neben der schon vereinbarten und gezahlten Mietkaution verlangen. Die Höhe der Sicherheit hängt vom Umfang der Umbaumaßnahmen und den zu erwartenden Rückbaumaßnahmen ab. Grundlage kann insoweit ein Kostenvoranschlag sein.

7.4 Welche Folgen die Mietermodernisierung auf die Miethöhe hat

Grundsätzlich darf der Vermieter Modernisierungen des Mieters nicht zum Anlass für eine Mieterhöhung nehmen. Und eine Wohnungsausstattung, die der Mieter geschaffen hat, bleibt auch bei der Ermittlung der ortsüblichen Vergleichsmiete (vgl. dazu Kapitel 4.4) als Grundlage für ein Mieterhöhungsverlangen grundsätzlich außer Betracht. In diesem Zusammenhang hatte der Bundesgerichtshof zu entscheiden, auf welchen Mietspiegel der Vermieter bei einer Erhöhung der Miete auf die ortsübliche Vergleichsmiete nach Wohnwertverbesserungen, die ein Wohnungsmieter vorgenommen und finanziert hat, Bezug nehmen darf. Die Vermieterin verlangte vom Mieter die Zustimmung zu einer Mieterhöhung. Sie bezog sich auf einen Mietspiegel für Wohnungen mit einer Ausstattung mit Bad und Sammelheizung. In drei vorangegangenen Mieterhöhungen hatte sie dagegen auf einen Mietspiegel für Wohnungen ohne Bad und Sammelheizung abgestellt. Gemäß einer Verpflichtung im Mietvertrag hatte der Mieter das Bad und die Sammelheizung auf eigene Kosten in die Wohnung eingebaut. Der Mieter verweigerte seine Zustimmung zur Mieterhöhung, sodass die Vermieterin Klage erhob.

Der Bundesgerichtshof hat entschieden, dass die ortsübliche Vergleichsmiete für die Wohnung des Beklagten anhand vergleichbarer Wohnungen zu ermitteln ist, die nicht mit Bad und Sammelheizung ausgestattet sind. Wohnwertverbesserungen, die der Mieter vorgenommen und finanziert hat, seien bei der Ermittlung der ortsüblichen Vergleichsmiete nicht zu berücksichtigen, wenn nicht die Parteien etwas anderes vereinbart haben oder der Vermieter dem Mieter die verauslagten Kosten erstattet hat. Die vom Mieter auf eigene Kosten geschaffene Wohnwertverbesserung bleibe bei der Ermittlung der Vergleichsmiete auch dann unberücksichtigt, wenn sie auf einer vertraglichen Verpflichtung beruht. Anderenfalls müsste der Mieter die Ausstattung seiner Wohnung im Ergebnis doppelt bezahlen, zunächst beim Einbau entsprechend der vertraglichen Verpflichtung und später nochmals durch eine auch auf diese Ausstattung gestützte Mieterhöhung.

7.5 Wann Sie zum Rückbau verpflichtet sind

Grundsätzlich müssen Sie bei Beendigung des Mietverhältnisses die Mietsache so hinterlassen, wie Sie sie übernommen haben. Das bedeutet im Regelfall, dass von Ihnen veranlasste Einbauten wieder entfernt werden müssen. Sie haben also z. B. den von Ihnen verlegten Teppichboden, die angebrachten Holzregale oder die installierte Einbauküche auf Ihre Kosten zu entfernen. Für Schäden, die dabei verursacht werden, haften Sie. Kommen Sie Ihrer Verpflichtung zum Rückbau nicht nach, machen Sie sich schadensersatzpflichtig.

Achtung: Haben Sie mit dem Vermieter keine anderweitige Vereinbarung getroffen, kann der Vermieter auch dann die Beseitigung der Mietereinbauten verlangen, wenn er dem Einbau zugestimmt hat. Dies gilt nicht, wenn der Vermieter aufwendigen Investitionen vorbehaltlos zugestimmt hat.

Der Vermieter kann die Entfernung der baulichen Änderungen vom Mieter insbesondere dann nicht verlangen, wenn

- er sich mit den Umbauarbeiten einverstanden erklärt und vereinbart wurde, dass der Mieter bei Auszug den alten Zustand nicht wiederherstellen muss,

- durch die Arbeiten des Mieters die Wohnung erst in einen vertragsgemäßen Zustand versetzt worden ist,

- er nach Ende der Mietzeit die Wohnräume so umbauen will, dass die vorherige Wiederherstellung des früheren Zustands sinnlos wäre (in diesem Fall hat der Vermieter auch keinen Anspruch auf einen Ausgleich in Geld).

Als Mieter sind Sie berechtigt, Einrichtungen wegzunehmen, mit denen Sie die Mietsache versehen haben. Sie dürfen also nach Beendigung des Mietverhältnisses z. B. die von Ihnen angebrachte Balkonverkleidung oder die montierten Einbauschränke mitnehmen.

Dieses Wegnahmerecht kann der Vermieter allerdings abwenden, wenn er Ihnen eine angemessene Entschädigung zahlt, es sei denn, dass Sie ein berechtigtes Interesse an der Wegnahme der Einrichtung vorbringen können.

7.6 Warum Sie eine Modernisierungsvereinbarung abschließen sollten

Hat Ihnen der Vermieter die Modernisierung der Wohnung erlaubt, sollten Sie unbedingt auf eine schriftliche Zustimmung bestehen. Diese sollte am besten im Rahmen einer Modernisierungsvereinbarung erfolgen. Dort sollten als Ergänzung zum bestehenden Mietvertrag auch geregelt werden:

- ein Rückbauverzicht des Vermieters,

- der Verzicht auf Mieterhöhungen durch den Vermieter und

- der Verzicht auf eine ordentliche Kündigung des Mietvertrags während der Abwohnzeit,

- der Wert von vom Mieter erbrachten Eigenleistungen,

- wer (Vermieter oder Mieter) für die Instandhaltung des Einbaus verantwortlich ist.

! Bei kostenaufwendigen Maßnahmen empfiehlt es sich, in der Modernisierungsvereinbarung eine Regelung dahin gehend zu treffen, dass Sie einen im Einzelnen festzulegenden Wertersatz erhalten, wenn das Mietverhältnis endet, bevor die Investition abgewohnt ist.

Im Regelfall wird die Abwohnzeit nach Ihren Modernisierungskosten berechnet. Einbaukosten gelten in vier Jahren als abgewohnt. Entscheidend ist dabei die zur Zeit des Einbaus gezahlte Kaltmiete ohne Umlagen.

Bei vorzeitigem Auszug des Mieters kann vereinbart werden, dass im ersten Jahr nach der Modernisierung 20 % der Kosten, danach in jedem weiteren Jahr zehn Prozent verfallen. Üblich und für den Mieter oft günstiger sind Vereinbarungen, wonach durch jedes der Modernisierung folgende Jahr zehn Prozent der Investitionskosten abgewohnt werden.

 Ein Vertragsformular für eine Modernisierungsvereinbarung finden Sie in Anhang 6. Der Entwurf geht auf einen Mustervertrag zurück, den das Bundesjustizministerium vor über 20 Jahren zusammen mit dem Deutschen Mieterbund entwickelt hat. Ein entsprechendes Formular können Sie sich beim örtlichen Mieterverein besorgen. Dort sollten Sie sich auch vor Abschluss der Vereinbarung eingehend rechtlich beraten lassen.

Weil die endgültigen Investitionskosten erst nach Abschluss der Modernisierungsvereinbarung feststehen, sollten Sie die Belege und Rechnung sorgfältig aufbewahren und mit dem Vermieter vereinbaren, dass die vor Baubeginn getroffene Vereinbarung noch entsprechend ergänzt wird. Ergänzt werden muss die Vereinbarung nach Abschluss der baulichen Maßnahme auch in Bezug auf das Fertigstellungsdatum, mit dem die Abwohnzeit beginnt.

8 Mietminderung bei Wohnungsmängeln

Millionen Mietwohnungen haben nach Einschätzung des Deutschen Mieterbundes mehr oder weniger schwerwiegende Mängel. Viele Mieter unternehmen aber nichts, zahlen also trotz Schäden, Mängeln und Beeinträchtigungen weiter die volle Miete, weil sie ihre Rechte nicht kennen, und verschenken so sehr viel Geld. Die häufigsten Wohnungsmängel sind Feuchtigkeitsschäden in der Wohnung, Lärm im Haus oder in der Nachbarschaft, Ausfall oder defekte Einrichtungen (z. B. Heizung, Aufzug) und Schäden am Haus oder in der Wohnung.

8.1 Wann ein Wohnungsmangel vorliegt

Von einem Mangel ist grundsätzlich auszugehen, wenn der Mieter seine Wohnung nicht so nutzen kann, wie er will und wie er es nach dem Mietvertrag erwarten darf. Das Gesetz unterscheidet zwischen Sachmängeln, Rechtsmängeln und dem Fehlen einer zugesicherten Eigenschaft.

8.1.1 Wann ein Sachmangel vorliegt

Ein Sachmangel liegt vor, wenn der tatsächliche Zustand der Wohnung von dem vertraglich vorausgesetzten Zustand abweicht.

- Erklärt der Vermieter vor Mietbeginn, dass sich die Wohnung in einem besonders guten Zustand befindet, liegt ein Mangel vor, wenn dies dann nicht der Fall ist.

 Beispiel: Heißt es in der Vermieteranzeige »Ruhig gelegene Wohnung«, wird der Mieter aber alle 20 Minuten von der nahe gelegenen Bahnstrecke durch Zuglärm gestört, liegt ein Mangel vor.

- Ist im Mietvertrag nichts Besonderes vereinbart, schuldet Ihnen der Vermieter einen »allgemein üblichen« Zustand.

Beispiel: Ein Sachmangel liegt vor, wenn die Fenster undicht sind, die Heizung defekt ist, die Aufzugsanlage ausfällt, die Mieträume übermäßig hellhörig sind, oder die Wohnräume trotz voll aufgedrehter Heizkörperventile nur 18 °C warm werden.

Sachmängel können auch vorliegen, wenn der Vermieter die Wohnung modernisiert (vgl. dazu Kapitel 6), weil die Baumaßnahmen häufig mit Lärm-, Schmutz- oder anderen Beeinträchtigungen verbunden sind. Und dass Sie der Modernisierungsmaßnahme zugestimmt haben, hat keine Bedeutung. Sie können also die Miete mindern, wenn Sie Ihre Wohnung während der Modernisierungsarbeiten nicht oder nur teilweise nicht so nutzen können, wie es vertraglich vereinbart ist, oder wenn während der Baumaßnahme erhebliche Beeinträchtigungen auftreten (z. B. Lärm, Schmutz, Ausfall der Wasserversorgung).

Achtung: Sie können die Miete wegen eines Sachmangels nur dann mindern, wenn der Fehler erheblich ist; es muss also eine spürbare Beeinträchtigung der Nutzungsmöglichkeit der Wohnung vorliegen. Haarrisse an der Zimmerdecke einer Altbauwohnung, eine defekte Glühbirne oder nur geringe Lärmbelästigungen durch Mitmieter berechtigen also nicht zur Mietminderung.

8.1.2 Wann ein Rechtsmangel vorliegt

Ein Rechtsmangel, der in der Praxis keine so große Bedeutung hat, liegt vor, wenn der Vermieter Ihnen den Gebrauch der Wohnung nicht gewähren kann, weil das Recht einer dritten Person dem entgegensteht.

 Beispiel: Der Vermieter hat die Wohnung doppelt vermietet.

8.1.3 Wann der Wohnung eine zugesicherte Eigenschaft fehlt

Ein Wohnungsmangel liegt auch vor, wenn der Vermieter Eigenschaften der Wohnung zugesichert hat, diese aber fehlen oder später wegfallen. Zugesichert ist eine Eigenschaft dann, wenn der Vermieter für das Vorliegen eines bestimmten Umstands garantiert, das heißt, auch dafür einstehen will, wenn dieser Umstand nicht gegeben ist.

 Beispiel: Der Vermieter sichert im Mietvertrag eine durchschnittliche Mindesttemperatur von 20 bis 22 °C zu. Im Mietvertrag ist vereinbart, dass in der Wohnung neue Fenster mit Isolierverglasung eingebaut werden.

8.1.4 Vermieter haftet auch ohne Verschulden

Ob der Vermieter den Wohnungsmangel verschuldet, also zu verantworten hat, spielt keine Rolle. Allein maßgebend ist, dass ein Mangel vorliegt. Der Vermieter haftet auch für Mängel, die nicht in seinen Verantwortungsbereich fallen. Sie können zum Beispiel auch dann die Miete mindern, wenn Sie wegen Straßenarbeiten vor dem Haus nicht unerheblichen Lärmbeeinträchtigungen ausgesetzt sind. Eine Klausel im Mietvertrag, nach der die Haftung des Vermieters für Mängel ausgeschlossen wird, die er nicht zu vertreten hat, ist unwirksam.

8.1.5 Wer was beweisen muss

Dass ein Wohnungsmangel vorliegt, muss der Mieter beweisen. Und er muss gegebenenfalls auch beweisen, dass er selbst oder seine Familienangehörigen den Mangel nicht verschuldet hat. Dagegen ist der Vermieter für den Umstand beweispflichtig, dass eine unerhebliche Beeinträchtigung der Mietsache vorliegt, die den Mieter nicht zur Mietminderung berechtigt.

8.2 Sie müssen dem Vermieter den Wohnungsmangel anzeigen

Sie sind verpflichtet, dem Vermieter einen Mangel, der während des Mietverhältnisses aufgetreten ist, sofort anzuzeigen. Schließlich ist der Vermieter nur dann imstande, für Abhilfe zu sorgen.

Achtung: Wenn Sie als Mieter Schäden an der Mietsache nicht anzeigen, verlieren Sie Ihre Gewährleistungsrechte. Sie können dann die Miete nicht mindern. Und außerdem laufen Sie Gefahr, sich schadensersatzpflichtig zu machen.

Ihre Anzeigepflicht bezieht sich nicht nur auf Mängel, die sich in den angemieteten Räumen befinden, sondern auch auf solche, die an mitvermieteten Flächen oder Gemeinschaftseinrichtungen wie z. B. Aufzügen, Treppenhäusern oder Garagen aufgetreten sind. Sie dürfen sich bei der Anzeige keine Zeit lassen, sondern müssen sofort tätig werden und den Vermieter informieren.

Damit Sie einen Mangel überhaupt dem Vermieter anzeigen können, müssen Sie ihn zunächst einmal erkennen. In diesem Zusammenhang obliegen Ihnen keine besonderen Überprüfungs- und Nachforschungspflichten. Sie müssen also insbesondere nicht in regelmäßigen Abständen Anlagen und Einrichtungen daraufhin überprüfen, ob sie funktionstüchtig und betriebsbereit sind.

Es reicht aus, wenn Sie Ihren Vermieter ein Mal auf den Wohnungsmangel aufmerksam gemacht haben. Dies gilt auch dann, wenn

- der Vermieter wechselt (die einmal gegenüber dem Vermieter erklärte Mängelanzeige wirkt gegenüber dem neuen Eigentümer fort),

- der Vermieter einen (erfolglosen) Reparaturversuch unternommen hat.

Grundsätzlich ist die Mängelanzeige an keine besondere Form gebunden. Sie muss insbesondere nicht schriftlich erfolgen, was sich allerdings aus Beweisgründen unbedingt empfiehlt.

Weil Sie gegebenenfalls nachweisen müssen, dass dem Vermieter Ihre Mängelanzeige zugegangen ist, sollten Sie Ihren Brief per Einschreiben mit Rückschein übersenden. Sie können aber auch die Anzeige beim Vermieter oder Verwalter abgeben und sich den Empfang auf einer Kopie bestätigen lassen oder die Anzeige in den Briefkasten des Vermieters oder Verwalters werfen und einen Zeugen hinzuziehen, der den Inhalt Ihres Schreibens kennt.

Nur in Ausnahmefällen können Sie die Miete mindern, obwohl Sie dem Vermieter den Mangel nicht angezeigt haben. Das ist u. a. der Fall, wenn

- der Vermieter den Mangel bereits kennt oder ihn kennen muss (z. B. wenn der Fahrstuhl nicht funktioniert),

- der Vermieter den Mangel selbst nicht beseitigen kann (z. B. die Lärmbeeinträchtigung durch eine Baustelle in der Nachbarschaft).

Sie dürfen die Miete grundsätzlich erst ab dem Zeitpunkt mindern, in dem Sie den Mangel angezeigt haben. Eine rückwirkende Mietminderung kommt also grundsätzlich nicht in Betracht. Ausnahmsweise dürfen Sie die Miete rückwirkend kürzen, wenn Sie anfangs den Mangel gar nicht kennen.

Beispiel: Sie dürfen die Miete rückwirkend mindern, wenn Sie erst später erfahren, dass die im Mietvertrag angegebene Wohnfläche mehr als zehn Prozent geringer als die im Vertrag angegebene ist (vgl. dazu auch Kapitel 1.5.2).

8.3 Wann Sie die Miete ausnahmsweise nicht mindern können

Wie bereits oben ausgeführt, ist die Mietminderung ausgeschlossen, wenn Sie dem Vermieter den Mietmangel nicht unverzüglich angezeigt haben. Ferner kommt eine Mietminderung nicht in Betracht, wenn es sich nur um eine unerhebliche Beeinträchtigung handelt. Und selbstverständlich dürfen Sie die Miete auch dann nicht kürzen, wenn Sie den Mangel selbst verschuldet haben (wenn also z. B. Feuchtigkeitsschäden in der Wohnung darauf zurückzuführen sind, dass der Mieter nicht oder falsch gelüftet hat).

Achtung: Ihr Recht, wegen eines Wohnungsmangels die Miete zu mindern, kann nicht durch den Mietvertrag ausgeschlossen oder erschwert werden. So ist eine Klausel im Mietvertrag unwirksam, nach der der Vermieter eine Minderung für von ihm nicht verschuldete Mängel ausschließt. Gleiches gilt für eine Mietvertragsklausel, die die Mietminderung von der Einhaltung einer bestimmten Frist abhängig macht.

8.3.1 Wenn Sie den Mangel kennen

Sie dürfen die Miete nicht mindern, wenn Sie den Mangel schon bei Abschluss des Mietvertrags kannten. Dasselbe gilt bei grob fahrlässiger Unkenntnis; das ist z. B. der Fall, wenn Sie die Wohnung vor dem Abschluss des Vertrags nicht besichtigt haben.

 Beispiel: Weiß der Mieter bei Vertragsabschluss, dass im selben Haus ein Wäschereibetrieb eingerichtet wird, so kann er wegen der von dem Betrieb ausgehenden Lärmbelästigungen nicht mehr die Miete mindern, wenn er bei Vertragsabschluss keinen entsprechenden Vorbehalt gemacht hat.

Wenn Sie Mieträume anmieten, deren Mängel Sie kennen oder leicht hätten erkennen können, besteht die Gefahr, dass der Vermieter, sofern er dies nachweisen kann, sich mit der Behauptung durchsetzt, die Mietsache entspreche der vertraglich vereinbarten Beschaffenheit. Und in diesem Fall ist der Vermieter dann nicht einmal zur Instandsetzung verpflichtet. Allerdings wird dies bei defekten Ausstattungsgegenständen selten der Fall sein, weil deren Funktionsfähigkeit zum vertragsgemäßen Gebrauch gehört. Immerhin schuldet in diesem Fall dann der Vermieter die Instandsetzung; die Miete mindern können Sie allerdings aus diesem Grund nicht.

Wenn Sie bei der Wohnungsübergabe einen Mangel feststellen, müssen Sie unbedingt auf der Beseitigung des Mangels bestehen. Und das Recht, die Miete zu mindern, müssen Sie sich ausdrücklich vorbehalten.

8.3.2 Wenn Sie die Miete weiter bezahlen

Zahlen Sie trotz eventueller Mängelanzeige über einen längeren Zeitraum die Miete in voller Höhe weiter und kann der Vermieter deshalb davon ausgehen, dass Sie auch künftig Ihr Minderungsrecht nicht mehr ausüben werden, so ist Ihr Recht zur Mietminderung ausgeschlossen. Gemeint ist in diesem Fall die Minderung der Miete für die Vergangenheit. Die vorbehaltlose Zahlung der ungekürzten Miete in Kenntnis des Mangels führt dazu, dass Sie Ihr Minderungsrecht für die Vergangenheit verlieren. Das Recht, für die Zukunft die Miete wegen des Mangels zu kürzen, bleibt Ihnen aber erhalten.

Sie können allerdings die volle Miete unter Vorbehalt weiterzahlen. Sinnvoll ist es dann, dass Sie zusammen mit der Mängelanzeige erklären, dass die nächsten Mietzahlungen nur unter Vorbehalt erfolgen. Achten Sie in diesem Fall aber darauf, dass Sie innerhalb angemessener Zeit auch Ihren »Vorbehalt« umsetzen und die Mietminderung mit der laufenden Miete verrechnen. Andernfalls verlieren Sie Ihr Minderungsrecht.

8.3.3 Vorübergehender Ausschluss bei energetischer Modernisierung

Ihr Minderungsrecht wird bei einer energetischen Modernisierung für drei Monate ausgeschlossen (vgl. dazu Kapitel 6.2).

8.4 In welcher Höhe Sie die Miete mindern können

Die Höhe der Mietminderung richtet sich danach, wie stark der vertragsgemäße Gebrauch der Mietwohnung durch den Mangel beeinträchtigt ist.

Je stärker sich der Mangel auswirkt, desto mehr dürfen Sie die Miete kürzen. In diesem Zusammenhang muss bewertet werden, in welchem Verhältnis die jetzt durch den Mangel geschmälerte Leistung des Vermieters zur Höhe der Miete steht.

 Beispiel: Wenn der Gebrauch der Mietsache völlig aufgehoben ist, z. B. weil durch einen Wasserschaden das Haus unbewohnbar ist, können Sie die Miete um 100 % kürzen. Niedriger fällt dagegen die Mietminderung aus, wenn der Wasserschaden nur den Keller betrifft.

Maßgebend sind immer die besonderen Umstände des Einzelfalls. Deshalb müssen insbesondere der Vertragszweck, die Miethöhe sowie Art und Umfang der Beeinträchtigung berücksichtigt werden.

Gemindert wird die Gesamtmiete inklusive etwaiger Anteile für kalte Betriebskosten, Warmwasser und Heizkosten. Ob die Betriebskostenanteile als Vorauszahlung oder Pauschale zu zahlen oder im Mietvertrag nicht gesondert ausgewiesen sind, spielt dabei keine Rolle.

Achtung: Wenn Sie unberechtigt eine Mietminderung vornehmen, kommen Sie mit der Miete in Zahlungsverzug und der Vermieter kann den Mietvertrag fristlos kündigen. Setzen Sie deshalb den Minderungsbetrag eher zurückhaltend an oder holen Sie sich rechtlichen Rat beim Mieterschutzverein ein. Kommt es über die Höhe der Mietminderung zum Streit mit dem Vermieter, so tragen Sie die Beweislast dafür, in welchem Umfang und für welche Zeit die Wohnungsmängel bestanden haben.

Sie haben auch die Möglichkeit, dem Vermieter mitzuteilen, dass Sie den geminderten Anteil der Miete unter dem Vorbehalt der Rückzahlung zahlen, und ihn auffordern, schriftlich die von Ihnen angesetzte Minderungsquote anzuerkennen. Wenn der Vermieter dieser Aufforderung nicht entspricht, können Sie den überbezahlten Betrag gerichtlich geltend machen und für die Zukunft bis zur Beseitigung der Mängel eine gerichtliche Feststellung der Höhe der Minderung veranlassen.

8.5 Welche Minderungsquoten die Gerichte zuerkennen

Um wie viel Prozent Sie die Miete bei einem Wohnungsmangel mindern dürfen, lässt sich nicht allgemein sagen. Maßgebend sind immer die konkreten Umstände des Einzelfalls. Es gibt keine Gesetze oder Richtlinien, aber eine Fülle von Gerichtsurteilen, die für den konkreten Einzelfall einen bestimmten Prozentsatz als zulässig bewertet haben. Verstehen Sie also die nachfolgende Mietminderungstabelle nur als Orientierungshilfe, welche Mietminderungsquoten von den Gerichten bei einzelnen Wohnungsmängeln zuerkannt wurden.

Wohnungsmangel: Feuchtigkeit, Wasser	Minderung	Gerichtsentscheidung
Schimmelbildung (nur durch ständiges Lüften vermeidbar).	100 %	AG München 11. 6. 2010 Az. 201 C 457 / 87
Erhebliche Feuchtigkeitsschäden im EG durch aus dem Boden aufsteigende Feuchtigkeit.	60 %	AG Bad Vilbel 20. 9. 1996 Az. 3 b C 52 / 96
Wegen eines Abflussstaus im Badezimmer tritt übel riechendes Abwasser aus.	38 %	AG Groß-Gerau 19. 7. 1979 Az. 21 C 1336 / 78
Feuchtigkeitsschäden nach Modernisierung der Fenster.	30 %	AG Erkelenz 26. 1. 1995 Az. 14 C 157 / 95
Wasserschäden an der Decke wegen mangelhafter Isolierung der Wände.	25 %	AG Osnabrück 31. 3. 1995 Az. 14 C 231 / 94
Aufgebrochenes Laminat aufgrund von Feuchtigkeit.	20 %	AG Schöneberg 10. 4. 2008 Az. 109 C 256 / 07
Erheblicher Schimmel im Wohn- und Schlafzimmer.	20 %	LG Osnabrück 2. 12. 1988 Az. 11 S 277 / 88
Ausfall der Wasserversorgung.	20 %	LG Berlin 18. 8. 2002 Az. 67 T 70 / 02
Feuchtigkeitsschäden an der Wohnung trotz normgerechter Bauweise.	20 %	LG Köln 12. 7. 1990 Az. 6 S 79 / 90
Deckenfeuchtigkeit im Wohnzimmer, Schlafzimmer, Erkerzimmer nebst Loggia sowie Bad.	20 %	LG Berlin 30. 5. 1989 Az. 64 S 71 / 89
Schäden aufgrund von Wassereintritt.	20 %	AG Köpenick 2. 2. 2011 Az. 7 C 243 / 11
Schimmelpilzbildung an mehreren Wänden.	20 %	AG Königs Wusterhausen 11. 5. 2007 A. 9 C 174 / 07
Außenwände aller Zimmer, die Wände und Decke im Bad sind durchfeuchtet und in der Küche sind Schimmelflecken vorhanden.	15 %	LG Berlin 16. 2. 1999 Az. 64 S 356 / 98

Beschädigung des Parkettfußbodens im Wohnzimmer über eine Ausdehnung von 2 m² wegen des Eindringens von Regenwasser durch undichte Fenster.	10 %	AG Berlin 4. 12. 2006 Az. 67 S 223 / 06
Undichtes Flachdach kann zu Feuchtigkeitsschäden führen.	10 %	AG Hamburg 13. 10. 1993 Az. 45 C 1322 / 92
Feuchtigkeitsschäden im Wohnzimmer.	10 %	LG Hamburg 2. 3. 1076 Az. 11 S 161 / 75
Durchfeuchteter Abstellraum.	7 %	AG Lüneburg 20. 11. 1979 Az. 11 C 189 / 79
Feuchtigkeitsfleck an der Küchendecke.	5 %	LG München I 22. 5. 1985 Az. 31 17040 / 84
Undichte Küchenspüle.	5 %	LG Berlin 8. 11. 1994 Az. 64 S 189 / 94
Dauerhafte Durchfeuchtung einer Schlafzimmeraußenwand durch aufsteigende Feuchtigkeit aus dem Mauerwerk.	5 %	AG Münster 12. 6. 2007 Az. 3 C 5500 / 06
Gelegentlicher Fäkalienrückfluss in der Toilette.	5 %	AG Schöneberg 31. 10. 1990 Az. 5 C 72 / 90
Vorlaufzeit für Warmwasser von 3 bis 4 Minuten.	4 %	LG Berlin 2. 6. 2008 Az. 67 S 26 / 07

Wohnungsmangel: Fenster	Minderung	Gerichtsentscheidung
Undichte Fenster, sodass ständig Feuchtigkeit in die Wohnung dringt.	50 %	LG Berlin 28. 2. 1991 Az. 64 T. 19 / 91
Wasserschäden, Durchfeuchtung einer Wand.	50 %	LG Berlin 28. 2. 1991 Az. 64 T 19 / 91
Wasserschäden (unbenutzbares Wohnzimmer).	30 %	AG Bochum 28. 11. 1978 Az. 5 C 668 / 78

Verringerter Lichteinfall aufgrund von verkleinerten Fensterflächen nach Modernisierung.	22 %	LG Berlin 16. 11. 2013 Az. 67 S 502 / 11
Nicht ordnungsgemäße Dichtungen an Fenstern und den Außentüren führen zu Zugluft und nicht nur zu einem zumutbaren Luftaustausch.	20 %	LG Kassel 30. 7. 1987 Az. 1 S 274 / 84
Neu eingebaute Aluminiumfenster verursachen hohen Heizungsaufwand und zusätzliche Lüftung.	15 %	AG Emden 28. 10. 1988 Az. 5 C 1197 / 86
Undichte Fenster, was zu Zugluft in der Wohnung führt.	10 %	AG München 24. 5. 1985 Az. 25 C 9566 / 84
Verrottete, nicht verschließbare Fenster, sodass ein Eindringen jederzeit möglich ist.	10 %	AG Bergisch-Gladbach 14. 12. 1977 Az. 16 C 696 / 76
Verfaultes Fenster im Schlafzimmer.	10 %	AG Wuppertal 30. 12. 1986 Az. 92 C 338 / 86
Wasserschäden bei Schlagregen.	5 %	LG Berlin 18. 3. 1982 Az. 61 S 437 / 81
Mangelhafter Zustand des Schlafzimmerfensters.	3 %	LG Berlin 21. 3. 1995 Az. 64 S 290 / 94
Defekter Schließmechanismus von zwei Schlafzimmerfenstern.	3 %	LG Köln 7. 9. 1989 Az. 1 S 117 / 89
Trübung einer Isolierglasscheibe im Wohnzimmer.	1 %	AG Miesbach 30. 10. 1984 Az. 3 C 585 / 84

Wohnungsmangel: Lärm	Minderung	Gerichtsentscheidung
Laute Musik aus Nachbarwohnung.	50 %	AG Braunschweig 3. 8. 1989 Az. 113 C 168 / 39
Lärmbelästigung durch zwei Gaststätten.	40 %	LG Berlin 5. 8. 2002 Az. 67 S 342 / 01

Erhebliche nächtliche Ruhestörung zwischen 22:00 Uhr und 3:00 Uhr durch den Betrieb einer Gaststätte im EG.	40 %	LG Berlin 5. 8. 2002 Az. 67 S 342 / 01
Großbaustelle in unmittelbarer Nachbarschaft.	35 %	LG Hamburg 5. 7. 2001 Az. 333 S. 13 / 01
Lärm von der Nachbar-Küche, der Nachbar-Toilette und Geräusche beim Baden des Nachbarn.	21 %	AG Neuruppin 12. 11. 2004 Az. 42 C 263 / 04
Besonderer Lärm durch Garagentore (35 bis 49 dB (A) und 28 bis 52 dB (A) und die Haustür bis 45,9 dB (A)).	20 %	LG Berlin 2. 6. 2008 Az. 67 S 26 / 07
Dachgeschossausbau.	20 %	LG Berlin 9. 4. 2001 Az. 62 S 421 / 00
Großbaustelle von 6:00 Uhr bis 17:00 Uhr, Einbau von Spundwänden.	20 %	AG Regensburg 16. 4. 1991 Az. 4 C 275 / 91
Lärm aus Billardcafé.	20 %	AG Köln 17. 2. 1989 Az. 201 C 581 / 88
Klaviermusik außerhalb der erlaubten Zeiten.	20 %	AG Düsseldorf 28. 7. 1988 Az. 20 C 79 / 87
Störung durch häufiges Feiern der anderen Mieter, insbesondere am Wochenende.	20 %	AG Lünen 16. 12. 1987 Az. 14 C 182 / 86
Langwierige Straßenbauarbeiten in lauter Umgebung.	15 %	LG Siegen 9. 11. 1989 Az. 3 S 87 / 89
Ununterbrochene Arbeiten an Großbaustelle.	15 %	AG Köln 3. 5. 1995 Az. 207 C 14 / 95
Gaststättenlärm in sechs Nächten des Monats.	15 %	AG Bonn 19. 7. 1990 Az. 5 C 274 / 90
Belästigender Trittschall aus einem über der Wohnung gelegenen Büro.	15 %	LG Karlsruhe 8. 5. 1987 Az. 9 S 394 / 86
Trittschall- und Sanitärgeräusche.	13 %	AG Hamburg 9. 2. 1996 Az. 43 b C 1068 / 94

Lärm durch Großbaustelle in der Nachbarschaft.	12 %	LG Frankfurt am Main 6. 3. 2007 Az. 2 – 17 S 113 / 06
Nachts auftretende Klopf- und Knackgeräusche an der Heizungsanlage (Gasraumheizer).	10 %	LG Hannover 15. 4. 1994 Az. 9 S 211 / 93
Lärm aus dem Heizungskeller, insbesondere wenn die Pumpe anspringt.	10 %	LG Hamburg 5. 3. 2009 Az. 307 S 130 / 08
Geräuschbelästigung durch Einwerfen von Glasflaschen in Container nach 22:00 Uhr und an Sonn- und Feiertagen.	10 %	LG Berlin 17. 1. 1995 Az. 64 S 322 / 94
Lärm durch Kinderarztpraxis.	10 %	AG Bad Schwartau 20. 22. 1975 Az. C 291 / 75
Lärm durch Stühlerücken und Scharren.	10 %	AG Braunschweig 29. 6. 1989 Az. 113 C 4614 / 88
Aufzugsgeräusche.	10 %	AG Wiesbaden 19. 1. 2006 Az. 93 C 2004 / 05
Extreme Zunahme des Verkehrslärms, weil eine Sackgasse für den Durchgangsverkehr geöffnet wird.	8 %	AG Köpenick 17. 1. 2006 Az. 3 C 262 / 05
Gestiegener Verkehrslärm, nachdem eine Straße zu einer Autobahnzubringerstraße wurde.	7,5 %	AG Köpenick 2. 7. 2010 Az. 4 C 116 / 10
Laute Klicker- und Rattergeräusche (Störung der Nachtruhe).	7,5 %	LG Berlin 4. 4. 2000 Az. 64 S 485 / 89
Nächtliche Lärmbelästigung durch überlaut geführte Streitgespräche der Nachbarn.	5 %	AG Bergisch-Gladbach 24. 7. 2001 Az. 64 C 125 / 00
Trittschallgeräusche in einem Altbau.	5 %	LG Hannover 15. 4. 1994 Az. 9 S 211 / 93

Wohnungsmangel: Gerüche	Minderung	Gerichtsentscheidung
Geruchsbelästigung durch Essensgeruch.	70 %	AG Berlin-Tiergarten 4. 4. 1990 Az. 4 C 550 / 88

Geruchsbelästigung durch Tierhaltung (Frettchen).	33 %	AG Köln 27. 9. 1988 Az. 201 C 457 / 87
Essens- und Nikotingerüche aus der Nachbarwohnung.	20 %	LG Stuttgart 27. 5. 1998 Az. 5 S 421 / 97
Geruchsbelästigungen durch einen Supermarkt in der Nachbarschaft.	20 %	AG Gifhorn 7. 3. 2001 Az. 33 C 426 / 00
Geruchsbelästigung durch Pizzeria im Nachbarhaus.	15 %	AG Köln 19. 9. 1989 Az. 208 C 246 / 89
Störender Heizölgeruch in den Wohn- und Arbeitsräumen.	15 %	AG Augsburg 12. 10. 2001 Az. 73 C 2442 / 01
Wahrnehmbarer Zigarettenrauch vom Balkon eines Nachbarn.	10 %	LG Berlin 30. 4. 2013 Az. 67 S 307 / 12
Kalter Zigarettenrauch.	10 %	LG Berlin 7. 10. 2008 Az. 65 S 124 / 08
Geruchsbelästigung durch Wäschetrockner.	10 %	LG Köln 20. 12. 1989 Az 10 S 201 / 89
Gestank aus der Nachbarwohnung wegen nicht tiergerechter Haltung.	10 %	AG Bergisch-Gladbach Az. 23 C 280 / 90
Entlüftung des Bades ist nur über die Küche möglich.	10 %	AG Schöneberg 8. 5. 1990 Az. 16 C 50 / 90
Unangenehme Gerüche in der Küche.	8 %	AG Suhl 8. 2. 2012 Az. 1 C 419 / 11
Defekter Badewannenabfluss.	3 %	AG Schöneberg 31. 10. 1990 Az. 5 C 72 / 90

Wohnungsmangel: Heizung	Minderung	Gerichtsentscheidung
Ausfall der Heizung im Winter.	70 %	LG Berlin 29. 7. 2002 Az. 61 S 37 / 02

Unbeheizbarkeit des Schlafzimmers.	20 %	LG Hannover 19. 12. 1979 Az. 11 S 296 / 79
Fehlende Heizungsmöglichkeit in der Küche.	20 %	VG Berlin 11. 4. 1983 Az. 14 A 234 / 82
Raumtemperatur von 18 °C im Kinder- und Schlafzimmer.	20 %	AG Oldenburg Az. 19 C 559 / 77 VII
Ungeeichte Warmwasseruhr.	15 %	LG Berlin 14. 9. 2005 Az. 64 S 77 / 05
Heizungsanlage verursacht Klopfgeräusche.	12 %	LG Münster 2. 11. 2000 Az. 8 S 167 / 00
Andauernder Baulärm in ohnehin lauter Umgebung.	10 %	AG Frankfurt am Main 2. 11. 2011 Az. 33 C 2424 / 11
Es werden Durchschnittstemperaturen von lediglich bis zu maximal 18 °C erreicht.	10 %	AG Charlottenburg 27. 5. 1999 Az. 19 C 228 / 98
Knackgeräusche in der Heizung.	10 %	LG Hannover 15. 4. 1994 Az. 9 S 211 / 93
Ausfall der Heizanlage im Winter bei Erreichen einer Raumtemperatur von 18 °C.	5 %	LG Berlin 7. 7. 1992 Az. 63 S 142 / 92

Wohnungsmangel: Sonstige Beeinträchtigungen von A bis Z	Minderung	Gerichtsentscheidung
Asbest: Emission durch Nachtspeicheröfen.	50 %	LG Dortmund 16. 2. 1994 Az. 11 S 197 / 93
Nicht funktionierender Aufzug für Mieter einer Wohnung im 2. OG.	4,45 %	AG Nürnberg 24. 10. 2012 Az. 28 C 4478 / 12
Beeinträchtigung der Aussicht: Vor der EG-Wohnung wird eine 5,5 m hohe Mauer in 7,5 m Entfernung errichtet.	10 %	LG Hamburg 12. 12. 1989 Az. 16 S 232 / 89
Verschiedene Mängel im Bad: Armaturen, Badewanne und Fliesen sind verkeimt, die Duschwand ist verkalkt, verkeimt und verdreckt, erhebliche Geruchsbeeinträchtigung liegen vor.	7 %	LG Berlin 13. 1. 2004 Az. 64 S 334 / 03

Verschiedene Fliesen im Badezimmer.	5 %	LG Kleve 5. 2. 1991 Az. 6 S 285 / 90
Mieter kann weder baden noch duschen.	33 %	AG Köln 1. 4. 1996 Az. 206 C 85 / 95
Balkon ist wegen Reparaturbedürftigkeit nicht benutzbar.	3 %	LG Berlin 24. 6. 1986, Az. 29 S 24 / 86
Beschimpfung der Mieter durch Hauswart.	10 %	AG Berlin-Neukölln 9. 12. 1982 Az. 10 C 255 / 82
Briefkasten ist defekt.	2 %	AG Potsdam 9. 3. 1995 Az. 26 C 406 / 94
Unzureichender Briefkasten.	0,5 %	LG Berlin 11. 5. 1990 Az. 29 S 20 / 90
Dusche funktioniert nicht.	16 %	AG Köln 28. 11. 1986 Az. 221 C 85 / 86
Vertraglich überlassene Einbauküche ist nicht benutzbar.	20 %	LG Dresden 5. 5. 1998 Az. 15 S 603 / 97
Mitvermieteter Fahrradkeller ist nicht benutzbar.	2,5 %	LG Berlin 4. 2. 1993 Az. 67 S 176 / 92
Ausfall des Fahrstuhls wegen Bauarbeiten in der 2. Etage.	3 %	AG Tempelhof-Kreuzberg 15. 1. 2014 Az. 2 C 207 / 13
Fernsehantenne wird entfernt.	5 %	LG Berlin 12. 4. 1994 Az. 63 S 439 / 93
Einschränkung des Fernsehempfangs wegen Ausfalls der Hausantenne.	2 %	AG Schwäbisch Gmünd 7. 9. 2004 Az. 2 C 822 / 04
Fernsehempfang ist wegen Beseitigung der Gemeinschaftsantenne gestört.	5 %	LG Berlin 12. 4. 1994 Az. 63 S 439 / 93

Garten ist nicht angelegt.	10 %	LG Darmstadt 28. 9. 1989 Az. 6 S 593 / 88
Besucher ist über Gegensprechanlage nicht zu hören.	3 %	LG Berlin 18. 11. 2004 Az. 67 S 173 / 07
Gerüste und Planen am Haus.	15 %	AG Hamburg 24. 8. 1995 Az. 38 C 483 / 95
Gebrauchsuntauglicher Kamin.	5 %	LG Karlsruhe 10. 7. 1987 Az. 9 S 66 / 87
Wassereinbruch bei Regen im Keller.	17 %	AG Berlin-Neukölln 26. 11. 1987 Az. 14 C 271 / 87
Klingel- und Türöffnungsanlage fällt aus.	5 %	LG Berlin 10. 7. 1998 Az. 64 S 21 / 98
Undichte Küchenspüle.	5 %	LG Berlin 8. 11. 1994 Az. 64 S 189 / 94
Ständig überfüllte Mülltonne.	5 %	AG Potsdam 9. 3. 1995 Az. 26 C 406 / 94
Vollständiger Stromausfall.	100 %	AG Berlin-Neukölln 20. 10. 1987 Az. 15 C 23 / 87
Unzureichende Toilettenspülung.	15 %	AG Münster 19. 1. 1993 Az. 49 C 133 / 92
Unmittelbar vor dem Handwaschbecken befindliche Toilette.	4 %	AG Köln 13. 12. 2011 Az. 211 C 19 / 10
Stark verkalkte Toilette.	1 %	LG Berlin 13. 1. 2004 Az. 64 S 334 / 03
Toilette ist nicht benutzbar.	80 %	LG Berlin 15. 3. 1988 Az. 29 S 84 / 87
Fehlende Entlüftung in der Toilette.	10 %	AG Berlin-Schöneberg 8. 5. 1990 Az. 16 C 50 / 90

Treppenhaus ist nach Umbauarbeiten unansehnlich und schmutzig.	5 %	LG Berlin 4. 2. 1993 Az. 67 S 176 / 92
Trinkwasser: Überschreitung des Eisengehalts.	15 %	AG Bad Segeberg 10. 3. 1998 Az. 17 a C 164 / 97
Ausfall der Warmwasserversorgung.	20 %	LG Berlin 18. 8. 2002 Az. 67 T 70 / 02
Schwankende Wassertemperatur beim Duschen.	13 %	AG Charlottenburg 27. 3. 2003 Az. 204 C 349 / 02
Zugluft im Haus.	10 %	AG Rüsselsheim 19. 5. 1989 Az. 3 C 516 / 88

8.6 Wie die Mietminderung durchgeführt wird

Wie in Kapitel 8.2 dargelegt, dürfen Sie die Miete bei einem Wohnungsmangel nur dann mindern, wenn Sie dem Vermieter den Mangel angezeigt haben. Ist das der Fall, so tritt die Minderung der Miete kraft Gesetzes ein, das heißt, Sie müssen die Minderung gegenüber dem Vermieter nicht besonders geltend machen. Das bedeutet auch, dass die Minderung ab dem Zeitpunkt des Wohnungsmangels eintritt.

Wenn die gesetzlichen Voraussetzungen für die Mietminderung vorliegen, können Sie die Miete für die Zeit, in der die Wohnung mit Mängeln behaftet ist, entsprechend kürzen. Sie sind dann nur zur Zahlung der herabgesetzten Miete verpflichtet. Mit der Mietminderung wird also kraft Gesetzes eine neue Miete wirksam, die so lange gilt, bis der Mangel behoben ist.

Probleme können entstehen, wenn Sie die fällige Miete bereits bezahlt haben und Sie zur Mietminderung berechtigt sind.

- Wurde die Miete vom Vermieter per Lastschrift eingezogen, können Sie der Lastschrift gegenüber Ihrer Bank widersprechen und danach die herabgesetzte Miete zahlen.

- Wurde die Miete per Dauerauftrag oder Einzelüberweisung gezahlt, können Sie die zu viel gezahlte Miete vom Vermieter zurückfordern. Sie können aber auch den Minderungsbetrag einfach mit der nächsten fälligen Miete verrechnen.

8.7 Welche Ansprüche Sie neben der Mietminderung haben

Reagiert der Vermieter auf Ihre Mängelanzeige nicht oder weigert er sich, den Wohnungsmangel zu beseitigen, dann stehen Ihnen neben der Mietminderung weitere Rechte zu. Sie können Mietzahlungen zurückhalten, den Schaden selbst beseitigen und Ersatz Ihrer Aufwendungen verlangen, Schadensersatz geltend machen oder den Mietvertrag fristlos kündigen.

8.7.1 Sie dürfen Mietzahlungen zurückhalten

Wenn der Vermieter trotz ausdrücklicher Mahnungen den Mangel nicht beseitigt, dürfen Sie Mietzahlungen zurückhalten. Auf diese Möglichkeit sollten Sie bereits bei Ihrer Mängelanzeige und bei der Aufforderung, den Mangel zu beseitigen, hinweisen.

Im Unterschied zur Mietminderung dürfen Sie die zurückgehaltene Mietzahlung nicht behalten. Sie müssen das Geld sofort nachzahlen, wenn der Vermieter den Wohnungsmangel beseitigt hat oder wenn der Mietvertrag endet.

Achtung: Nicht jeder Mangel berechtigt zu einer hundertprozentigen Zurückhaltung der Miete. Nach der Rechtsprechung ist die Zurückhaltung eines Betrags in Höhe des Drei- bis Fünffachen der Minderungsquote zulässig. Das Zurückbehaltungsrecht sollte auch nur für einige Monate ausgeübt werden. Am besten ist es, Sie holen, wenn Sie von diesem Recht Gebrauch machen wollen, vorher rechtlichen Rat (z. B. beim örtlichen Mieterverein) ein.

8.7.2 Wann Sie den Mangel selbst beseitigen und Aufwendungsersatz verlangen können

Sie können den Wohnungsmangel selbst beseitigen und Ersatz der erforderlichen Aufwendungen verlangen, wenn

- der Vermieter mit der Beseitigung des Mangels in Verzug ist oder

- die umgehende Beseitigung des Mangels zur Erhaltung oder Wiederherstellung des Bestands der Mietsache notwendig ist.

Voraussetzung für Ihr Selbstbeseitigungsrecht ist, dass Sie Ihren Vermieter zur Beseitigung des Mangels aufgefordert und ihm eine Frist für die Beseitigung des Mangels gesetzt haben. Diese Frist muss angemessen sein. Sie muss so bemessen sein, dass der Vermieter innerhalb dieses Zeitraums realistischerweise Abhilfe schaffen konnte. Nur ausnahmsweise kann auf die Fristsetzung verzichtet werden, wenn z. B. ein Rohrbruch die Substanz des Hauses gefährdet oder zerstörte Gebäudeteile wiederhergestellt werden müssen.

Wenn die Voraussetzungen für das Selbstbeseitigungsrecht gegeben sind, können Sie entweder den Mangel selbst beseitigen oder einen Dritten damit beauftragen. Im ersten Fall schulden Sie eine fachgerechte Ausführung der Arbeiten. Häufig kommt es in diesem Fall zum Streit über die Kostenerstattung. Die Beweislast trifft dann Sie. Insbesondere bei größeren und kostenträchtigen Mängeln sollte deshalb eine Fachfirma den Mangel beseitigen.

 Vom Vermieter können Sie die Ihnen im Rahmen der Mängelbeseitigung entstandenen Aufwendungen verlangen. Ihr Anspruch umfasst die Kosten, die für Handwerker und Material aufgewendet werden müssen. Auch Ihre Eigenleistungen sind erstattungsfähig. Sie haben gegenüber dem Vermieter einen Anspruch auf einen Vorschuss, der sich danach bemisst, wie hoch die voraussichtlichen Aufwendungen sein werden. Über den Vorschuss müssen Sie nach Abschluss der Arbeiten Rechnung legen.

8.7.3 Wann Sie vom Vermieter Schadensersatz verlangen können

Zwar muss der Vermieter einen Wohnungsmangel auf eigene Kosten beseitigen, was ist aber, wenn der Mangel Schäden an der Person oder am Eigentum des Mieters zur Folge hat? Das ist z. B. der Fall, wenn gravierende Baumängel zu Feuchtigkeitsschäden an den Tapeten oder Möbeln des Mieters führen oder sich bei Reinigungsarbeiten im Treppenhaus der Vermieter auf der glatten Treppe das Bein bricht, weil die Putzfrau die gereinigten Flächen nicht abgesichert hat.

Ist die gemietete Wohnung bei Vertragsschluss mangelhaft oder entsteht ein solcher Mangel später wegen eines Umstands, den der Vermieter zu vertreten hat, oder kommt der Vermieter mit der Beseitigung eines Mangels in Verzug, so können Sie Schadensersatz verlangen.

Ihr Recht, vom Vermieter bei einem Wohnungsmangel bei Vorliegen der gesetzlichen Voraussetzungen Schadensersatz zu verlangen, besteht neben Ihrem Anspruch auf Mietminderung. Sie können also bei einem Wohnungsmangel sowohl die Miete mindern als auch unter Umständen Schadensersatz verlangen.

Wenn die Mietsache schon bei Vertragsschluss mangelhaft ist, haftet der Vermieter, ohne dass ein Verschulden vorliegen muss. Gleiches gilt, wenn er den Mangel nicht kannte. Und schuldunabhängig haftet der Vermieter auch dann, wenn sich die Auswirkungen des Mangels erst später zeigen. Auch für verborgene Mängel gilt die sogenannte Garantiehaftung.

Beispiel: Die Wasserleitung war bereits bei Abschluss des Mietvertrags undicht. Erst nach einiger Zeit zeigen sich aber Wasserschäden. Hierbei handelt es sich um einen anfänglichen Mangel, für den der Vermieter auch ohne Verschulden haftet.

Für nach dem Abschluss des Mietvertrags entstandene Mängel steht Ihnen nur dann Schadensersatz zu, wenn den Vermieter hieran ein Verschulden trifft. Schuldhaft handelt der Vermieter etwa, wenn er technische Anlagen und Einrichtungen nicht regelmäßig auf ihre Sicherheit und Funktionstüchtigkeit überprüft oder überprüfen lässt. Dabei hat der Vermieter auch für fahrlässig verursachte Schäden durch Personen einzustehen, denen er sich bei seinen vertraglichen Verpflichtungen gegenüber dem Mieter bedient (z. B. Hausmeister, Handwerker).

Achtung: Eine Klausel im Formularmietvertrag, durch die der Vermieter seine Haftung für Sachschäden auf Vorsatz und grobe Fahrlässigkeit beschränkt, ist unwirksam. Der Vermieter darf also seine Haftung für leichte Fahrlässigkeit nicht formularmäßig ausschließen.

Der Vermieter ist darüber hinaus zum Schadensersatz verpflichtet, wenn er mit der Beseitigung eines Mangels in Verzug ist. Das ist dann der Fall, wenn er eine für die Mängelbeseitigung fest vereinbarte Frist nicht einhält oder eine von Ihnen gesetzte angemessene Frist verstreichen lässt.

Der Vermieter muss im Falle seiner Haftung dem Mieter den Personen- und Sachschaden ersetzen. Bei Sachschäden müssen Sie berücksichtigen, dass Sie beim Ersatz älterer durch neue Sachen nicht den Neupreis, sondern nur den Zeitwert ansetzen dürfen. Auch für entgangenen Gewinn hat der Vermieter einzustehen. Und auch Folgeschäden (z. B. Verdienstausfall) sind zu ersetzen.

Die Schadensersatzpflicht des Vermieters besteht neben seiner Verpflichtung, den Wohnungsmangel zu beseitigen. Sie gilt auch dann, wenn es sich um einen unerheblichen Mangel handelt und eine Mietminderung nicht möglich ist.

8.7.4 Wann Sie den Mietvertrag fristlos kündigen können

Wegen erheblicher Wohnungsmängel können Sie das Mietverhältnis fristlos kündigen. In Betracht kommen z. B. eine Gesundheitsgefährdung oder ein so erheblicher Mangel, dass Sie die Mietsache nicht mehr nutzen können oder Ihnen die Nutzung nicht zumutbar ist (z. B. bei einem völligen Heizungsausfall im Winter).

Die Kündigung ist erst zulässig, wenn Sie dem Vermieter eine angemessene Frist zur Beseitigung des Mangels gesetzt haben und diese Frist erfolglos abgelaufen ist. Keine Fristsetzung ist notwendig, wenn der Vermieter jegliche Abhilfe ernstlich und endgültig verweigert oder eine Abhilfe durch den Vermieter gar nicht möglich ist.

 Wegen der hohen Anforderungen, die die Gerichte an die Wirksamkeit einer fristlosen Kündigung wegen eines Wohnungsmangels stellen, empfiehlt sich in jedem Fall die vorherige rechtliche Beratung (z. B. durch den örtlichen Mieterverein).

9 Beim Auszug Geld sparen

Wenn Sie nach Beendigung des Mietverhältnisses aus der Wohnung ausziehen, ist das häufig auch mit finanziellen Konsequenzen verbunden. So steht eventuell eine Schlussrenovierung an und es sind unter Umständen Schäden an der Mietsache oder an Einrichtungen zu ersetzen. Im Gegenzug wollen Sie gegebenenfalls für von Ihnen durchgeführte Umbaumaßnahmen vom Vermieter eine Entschädigung und in jedem Fall wollen Sie, dass Ihnen die Mietkaution ausgezahlt wird. Schließlich müssen noch die Betriebskosten abgerechnet werden.

9.1 Auf was Sie bei der Rückgabe der Wohnung achten müssen

Immer wieder kommt es vor, dass der Vermieter von Ihnen erhebliche Zahlungen verlangt, weil Sie die Wohnung nicht oder nicht so, wie es erforderlich gewesen wäre, zurückgegeben haben. Es reicht nämlich nicht aus, wenn Sie dem Vermieter einfach die Wohnungsschlüssel in den Briefkasten werfen.

9.1.1 Sie müssen die Wohnung räumen

Sie müssen die Wohnung geräumt und »besenrein« zurückgeben. Das heißt, dass die eingebrachten Möbel, Teppiche und sonstige Einrichtungsgegenstände entfernt werden müssen. Daneben gehören zur Räumung auch, dass die Namensschilder an der Tür und am Briefkasten entfernt und Schmutz und Schäden an der Mietsache beseitigt werden. Im Allgemeinen entsprechen Sie Ihrer Verpflichtung, die Wohnung »besenrein« zurückzugeben, wenn Sie grobe Verschmutzungen beseitigen. Sie müssen also die Böden fegen und Teppichböden mit dem Staubsauger reinigen. Es reicht aus, wenn die Fenster grob gereinigt werden.

> **Achtung:** Haben Sie als Mieter nur einzelne, kleinere oder vergleichsweise wertlose Gegenstände in der Wohnung zurückgelassen, steht das der Rückgabe der Wohnung nicht entgegen. Der Vermieter kann dann zwar Schadensersatz für die Entfernung des zurückgelassenen Inventars verlangen, die Rücknahme der Wohnräume aber nicht verweigern. Nimmt der Vermieter die Wohnung gleichwohl nicht zurück, gerät er in Annahmeverzug.

Sie müssen die Wohnung in dem Zustand zurückgeben, wie Sie sie übernommen haben. Haben Sie die Wohnung mit Einbauten oder anderen Einrichtungen versehen, gehört zur ordnungsgemäßen Rückgabe, dass Sie diese auf Ihre Kosten beseitigen und den früheren Zustand wiederherstellen. Die Beseitigungspflicht besteht grundsätzlich auch dann, wenn der Vermieter dem Einbau zugestimmt hat oder wenn bereits der Vormieter die Einrichtungen angebracht und Sie diese mit Zustimmung des Vermieters übernommen haben.

 Um normale Abnutzungen brauchen Sie sich als Mieter nicht zu kümmern. Veränderungen, die durch den normalen vertragsgemäßen Gebrauch der Wohnung eingetreten sind, müssen Sie grundsätzlich nicht beseitigen. Sie müssen also z. B. Dübellöcher nicht entfernen, wenn diese sich im üblichen Rahmen halten (vgl. dazu Kapitel 5.3.1).

9.1.2 Sie müssen die Wohnung dem Vermieter übergeben

Sie müssen die Wohnung dem Vermieter oder einem Bevollmächtigten des Vermieters übergeben. Sie müssen also die Mieträume aufgeben und dem Vermieter wieder die Verfügungsgewalt darüber verschaffen.

Sie sind verpflichtet, dem Vermieter oder dessen Vertreter alle Schlüssel (Wohnungs-, Keller-, Briefkastenschlüssel) zurückzugeben. Das betrifft auch die Schlüssel, die Sie selbst angeschafft haben; für diese Schlüssel muss Ihnen der Vermieter aber die Kosten ersetzen.

Die Schlüssel sind dem Vermieter bzw. einer von diesem ausdrücklich bevollmächtigten Person (z. B. Hausmeister) zurückzugeben.

Achtung: Für die Rückgabe der Wohnung reicht es nicht aus, die Schlüssel in den Briefkasten des Hausmeisters zu werfen oder sie beim Hausmeister oder bei einem anderen Mieter abzugeben. Ein für den Vermieter tätiger Rechtsanwalt ist aber zur Annahme der Schlüssel berechtigt und verpflichtet.

Wurde nichts anderes vereinbart, erfolgt die Übergabe in den Mieträumen. Sie müssen also die Mieträume zusammen mit den Schlüsseln dem Vermieter übergeben. Beide Seiten müssen an der Übergabe mitwirken. Eine gemeinsame Wohnungsbesichtigung, die in der Praxis üblich ist, ist nicht zwingend notwendig.

Im Regelfall wird das Mietverhältnis am letzten Kalendertag eines Monats enden. In diesem Fall sind die Mieträume am letzten Tag der Mietzeit zurückzugeben. Fällt das Mietende auf einen Samstag, einen Sonn- oder gesetzlichen Feiertag, dann verschiebt sich die Rückgabe auf den folgenden Werktag.

 Häufig versuchen Vermieter, den Termin der Übergabe der Wohnung zu verzögern oder sie erscheinen zum vereinbarten Übergabetermin nicht. Bieten Sie deshalb frühzeitig Ihrem Vermieter einen Übergabetermin schriftlich an. Bringen Sie zum Ausdruck, die vollständig geräumte und ordnungsgemäß zurückgebaute Wohnung zu übergeben. Verweigert dann der Vermieter die rechtzeitige Übergabe oder wirkt er bei der Übergabe nicht mit, gerät er in Annahmeverzug. Sie können dann mit befreiender Wirkung ausziehen. Und der Annahmeverzug des Vermieters hat vor allem zur Folge, dass er keine Nutzungsentschädigung wegen Vorenthaltung der Mietsache verlangen kann (vgl. unten).

Häufig kommt es nach dem Auszug des Mieters aus der Wohnung zum Streit über Schäden in der Wohnung oder nicht oder nicht ordnungsgemäß durchgeführte Schönheitsreparaturen. Mit einem Wohnungsübergabeprotokoll können solche Streitigkeiten vermieden werden.Einzelheiten zum Wohnungsübergabeprotokoll erfahren Sie in Kapitel 1.4. Beim Auszug aus der Wohnung sollten Sie das Protokoll nur unterschreiben, wenn

- Sie mit den Erklärungen einverstanden sind,

- die im Protokoll geschilderten Tatsachen zutreffen,

- nur der Zustand der Mieträume beschrieben wird, nicht aber noch Verpflichtungen enthalten sind,

- im Protokoll auch die Zählerstände für Gas, Strom, Wasser und Heizung enthalten sind.

 Ein Muster für das Wohnungsübergabeprotokoll finden Sie im Anhang 2.

9.1.3 Nutzungsentschädigung wegen Vorenthaltung der Wohnung

Geben Sie die Wohnung nach Beendigung des Mietverhältnisses nicht zurück, so kann der Vermieter für die Dauer der Vorenthaltung als Entschädigung die vereinbarte Miete oder die ortsübliche Vergleichsmiete verlangen. Entsprechendes gilt, wenn Sie zwar die Wohnung zurückgeben, der Vermieter aber die Rücknahme berechtigterweise verweigert (weil diese z. B. noch nicht vollständig geräumt wurde; vgl. oben). Sie schulden die Nutzungsentschädigung nur bis zur vollständigen Räumung.

Für die Höhe des Nutzungsentgelts ist in erster Linie die bisherige Miete maßgebend; daneben müssen Sie weiterhin die bisherigen Betriebskostenvorauszahlungen leisten. Der Vermieter kann aber auch die (unter Umständen höhere) ortsübliche Vergleichsmiete geltend machen. Das ist das übliche Entgelt, das in der Gemeinde oder in vergleichbaren Gemeinden für nicht preisgebundenen Wohnraum vergleichbarer Art, Größe, Ausstattung, Beschaffenheit und Lage gezahlt wird.

Haben Sie die Miete wegen eines Mangels der Mietsache schon vor Ihrem Auszug gemindert, so müssen Sie als Nutzungsentschädigung nur den geminderten Betrag zahlen. Und auch wenn der Mangel erst während der Zeit der Vorenthaltung aufgetreten ist, können Sie das Nutzungsentgelt mindern.Zur Mietminderung vgl. dazu Kapitel 8.

Keine Nutzungsentschädigung steht dem Vermieter u. a. dann zu, wenn

- der Vermieter den Übergabetermin erst nach Beendigung des Mietverhältnisses festlegt,

- Sie dem Vermieter die geräumte Wohnung bei Mietende anbieten und die Schlüsselübergabe nur deshalb scheitert, weil der Vermieter den vereinbarten Rückgabetermin nicht eingehalten hat,

- Sie die Wohnungsschlüssel mit Einverständnis des Mieters behalten (weil Sie z. B. mit Einverständnis des Vermieters die mietvertraglich geschuldeten Schönheitsreparaturen nach Ende der Mietzeit durchführen).

9.2 Wann und wie Sie die Wohnung renovieren müssen

Sehr häufig wird zwischen Vermieter und Mieter über Art und Umfang der Schlussrenovierung gestritten. Es geht dabei um die Frage, ob vom Mieter nach Beendigung des Mietverhältnisses noch Schönheitsreparaturen (vgl. dazu auch Kapitel 5.3) durchzuführen sind.

Klar ist: Der Mieter muss keine Schlussrenovierung vornehmen, wenn darüber im Mietvertrag nichts geregelt ist. Und auch folgende Klauseln im Mietvertrag verpflichten den Mieter nicht zur Renovierung:

- »Die Wohnung ist besenrein zurückzugeben«: Besenrein bedeutet, dass die Wohnung leer geräumt und von grobem Schmutz gesäubert sein muss.

- »Die Mieträume sind bei Auszug in bezugsfertigem Zustand zurückzugeben«: Bezugsfertig ist die Wohnung, wenn sie vom Nachmieter jederzeit bezogen werden kann.

- »Die Mietsache ist in dem Zustand wie übernommen zurückzugeben«: Auch diese Klausel beinhaltet nicht, dass bei Auszug ein Anspruch auf Durchführung von Schönheitsreparaturen besteht.

Achtung: Sie sind nur dann bei Beendigung des Mietverhältnisses zur Renovierung der Wohnung verpflichtet,

- wenn Sie zur Durchführung von Schönheitsreparaturen wirksam verpflichtet wurden (vgl. dazu Kapitel 5.3.2) und

- soweit die Wohnräume ihrem konkreten Zustand nach renovierungsbedürftig sind.

Ein Renovierungsbedarf wird im Regelfall nur dann vorliegen, wenn die Fristen seit Wohnungsübergabe oder der letzten Renovierung (vgl. dazu Kapitel 5.3.4) bei Mietende abgelaufen sind. Dann müssen Sie die fälligen Renovierungsarbeiten nachholen, es sei denn, dass zwischen Ihrem Vermieter und Ihnen ausdrücklich vereinbart ist, dass Sie die Wohnung unrenoviert zurückgeben dürfen. Unwirksam ist deshalb eine Klausel im Formularmietvertrag, die Sie zur Schlussrenovierung verpflichtet, die zuletzt vorgenommenen Schönheitsreparaturen während der Mietzeit aber völlig unberücksichtigt lässt.

 Eine Vertragsklausel, die dem Mieter einer unrenoviert angemieteten Wohnung die Schönheitsreparaturen auferlegt, ist unwirksam (BGH, Az. VIII ZR 185 / 14 und VIII ZR 242 / 13). Eine solche Klausel verpflichtet den Mieter zur Beseitigung sämtlicher Gebrauchsspuren des Vormieters und kann dazu führen, dass ein Mieter bei einer kurzen Mietzeit die Wohnung gegebenenfalls in einem besseren Zustand zurückgeben muss, als er sie selbst vom Vermieter erhalten hat.

Viele Mietverträge enthalten eine sogenannte Quotenklausel. Danach hat der Mieter die Kosten für Schönheitsreparaturen zu erstatten, wenn bei Beendigung des Mietverhältnisses die Schönheitsreparaturen nach den vereinbarten Fristen noch nicht fällig sind. So muss der Mieter z. B. beim Auszug 30 % der Renovierungskosten für Flur, Küche und Bad bzw. 20 % der Renovierungskosten für die Haupträume der Wohnung zahlen.

Quotenklauseln im Mietvertrag stellen eine unangemessene Benachteiligung des Mieters dar und sind unwirksam (BHG, Az. VIII ZR 185 / 14 und VIII ZR 242 / 13), weil der auf sie entfallende Kostenanteil nicht verlässlich ermittelt werden kann und beim Abschluss des Mietvertrages nicht klar verständlich ist, welche Belastung gegebenenfalls auf den Mieter zukommt. Das gilt unabhängig von der Frage, ob die Wohnung bei Beginn des Mietverhältnisses renoviert oder unrenoviert war.

Während Sie während des Mietverhältnisses Ihre Wohnung weitestgehend nach Ihren Farbvorstellungen gestalten dürfen, müssen Sie bei Mietende die Wohnung so zurückgeben, dass sie von möglichst vielen Mietinteressenten akzeptiert wird. Das beinhaltet zum Beispiel auch, dass die Farben »neutral« sind und zu vielen Einrichtungsarten passen. Klären Sie deshalb möglichst frühzeitig mit Ihrem Vermieter ab, in welchen Farben die Wohnung zu hinterlassen ist.

Häufig will ein Vermieter nach Auszug des Mieters die frei gewordene Wohnung umfassend sanieren. Vom Mieter durchgeführte Schönheitsreparaturen würden also nichts nützen. In diesem Fall darf der Vermieter nicht darauf bestehen, dass vom Mieter fällige Schönheitsreparaturen durchgeführt werden, andererseits darf der Mieter solche nicht durchführen. Sofern im Mietvertrag nichts geregelt ist, wandelt sich in diesem Fall der Anspruch des Vermieters auf Durchführung einer Endrenovierung durch den Mieter in einen Ausgleichsanspruch in Geld um. Hätte der Mieter in diesem Fall die notwendigen Arbeiten in Eigenleistung oder durch Verwandte oder Bekannte durchgeführt, kann der Vermieter nur den Betrag verlangen, den der Mieter für das notwendige Material und deren Arbeitsleistungen hätte aufwenden müssen.

Achtung: Wenn Sie zum Mietende fällige Renovierungsarbeiten nicht durchführen, kann der Vermieter von Ihnen Schadensersatz verlangen, wenn er Ihnen zuvor konkret und genau mitgeteilt hat, welche Arbeiten er von Ihnen fordert und Ihnen für die Ausführung eine angemessene Frist (im Regelfall sind zwei Wochen ausreichend) gesetzt hat. Nach erfolglosem Ablauf der Frist kann Ihnen der Vermieter die Durchführung der Arbeiten verweigern und stattdessen Schadensersatz verlangen.

9.3 Wann Sie für bauliche Veränderungen eine Entschädigung verlangen können

Wenn Sie Ihren eigenen Wohnkomfort durch Umbaumaßnahmen erhöhen, dann tun Sie das auf eigene Kosten, eigenes Risiko und in eigener Verantwortung. Ob Sie einen Teppichboden verlegen, ein Badezimmer oder eine Dusche einbauen, die Küche verkacheln oder Decken holzvertäfeln, grundsätzlich ist davon auszugehen, dass Sie das im eigenen Interesse machen, jedenfalls dann, wenn Sie sich nicht darüber mit dem Vermieter besprochen oder Vereinbarungen getroffen haben. Deshalb haben Sie bei Beendigung des Mietverhältnisses grundsätzlich keinen Anspruch auf Wertersatz für Ihre baulichen Veränderungen der Mietsache. Wegen der Einzelheiten der Mietermodernisierung vgl. dazu Kapitel 7.

Nur ausnahmsweise können Sie für Ihre Investitionen vom Vermieter eine Entschädigung verlangen. Das ist insbesondere der Fall, wenn

- Sie mit dem Vermieter vereinbart haben, dass eine Entschädigung fällig ist,

- der Vermieter von Ihnen verlangt, dass die Einrichtungen in der Wohnung verbleiben,

- die bauliche Veränderung durch Sie erforderlich war, um die Bewohnbarkeit der Wohnung zu erhalten oder überhaupt herbeizuführen (z. B. Erneuerung von Fenstern).

 Wenn Ihr Vermieter nach Beendigung des Mietverhältnisses nicht bereit ist, durch Sie vorgenommene bauliche Veränderungen zu entschädigen, sollten Sie mit Zustimmung des Vermieters einen Nachmieter suchen, der die Einrichtungen übernimmt und dafür eine Abstandssumme zahlt.

Darüber hinaus können Sie eine Kostenerstattung vom Vermieter auch dann verlangen, wenn die bauliche Maßnahme auch im Interesse des Vermieters vorgenommen wurde. Das ist insbesondere dann der Fall, wenn Ihre Aufwendungen für den Vermieter notwendig und nützlich waren (z. B. Austausch einer gefahrträchtigen Elektroinstallation). In diesen Fällen können Sie verlangen, dass Ihnen der Vermieter Ihre Aufwendungen in voller Höhe erstattet. Beweispflichtig dafür, dass die Maßnahme notwendig war, sind Sie.

9.4 Wann die Betriebskosten abgerechnet werden müssen

Bei einem Mieterwechsel ist der Vermieter nicht zu einer Zwischenabrechnung verpflichtet. Er hat also zwölf Monate Zeit abzurechnen. Und die Frist beginnt erst, wenn die Abrechnungsperiode endet, also nicht mit dem Auszug des Mieters.

Wenn Sie während der Abrechnungsperiode ausziehen, dürfen die Betriebskosten auf Sie nur für die Zeit anteilig umgelegt werden, in der das Mietverhältnis bestand.

- Bei verbrauchsunabhängigen Betriebskosten (z. B. Hausmeister, Reinigungskosten) ist das kein Problem. Sie werden einfach zeiteinteilig abgerechnet.

- Bei den verbrauchsunabhängigen Betriebskosten (Heizung, Warmwasser, Strom, Gas, Wasser) ist der Vermieter zur Zwischenablesung verpflichtet. Die Kosten haben Sie zu tragen, wenn mietvertraglich nichts anderes geregelt ist.

! Lesen Sie vor der Wohnungsübergabe unbedingt unter Hinzuziehung eines Zeugen sämtliche Zählerwerte ab und notieren Sie diese. Und achten Sie darauf, dass in einem etwaigen Übergabeprotokoll (vgl. dazu Kapitel 1.4) die Zählerstände richtig festgehalten werden.

Hat der Vermieter nicht fristgerecht über die Betriebskosten abgerechnet, so können Sie ihn auf Rechnungslegung verklagen. Das ist allerdings einigermaßen umständlich.

! Wenn Ihr Vermieter nach Ihrem Auszug aus der Wohnung nicht binnen Jahresfrist die Abrechnung erstellt, können Sie ihn auffordern, sämtliche Abrechnungen der betreffenden Abrechnungszeiträume auszuzahlen. Gegebenenfalls können Sie dies auch einklagen.

9.5 Wann Ihnen der Vermieter die Mietkaution zurückzahlen muss

Der Mietvertrag ist gekündigt, die Wohnung wurde an den Vermieter in einwandfreiem Zustand zurückgegeben, jetzt fehlt nur noch die Rückzahlung der Mietkaution (vgl. auch Kapitel 1.3). Natürlich haben Sie ein Interesse daran, dass Ihnen Ihr Geld möglichst schnell zurückgezahlt wird. Doch viele Vermieter weigern sich, die Mietkaution so schnell aus der Hand zu geben. Schließlich stehen noch mögliche Nachforderungen, z. B. aus der noch ausstehenden Betriebskostenabrechnung aus.

Klar ist: Das Mietverhältnis muss beendet sein. Aber das allein reicht nicht aus. Die Rückzahlung der Mietkaution wird nämlich nicht automatisch mit der Beendigung des Mietverhältnisses und der vollständigen Räumung der Wohnung fällig. Der Vermieter darf bis zur vollständigen Beseitigung etwa vorhandener Schäden oder Mietrückstände die Kaution einbehalten. Er darf die Kaution für eine angemessene Frist zurückhalten, um zu entscheiden, ob und in welcher Weise er sie zur Deckung seiner Ansprüche gegen den Mieter verwenden möchte. Und unter den Sicherungszweck der Mietkaution fallen etwa auch bei der Wohnungsaufgabe nicht beseitigte Schäden oder eine nicht durchgeführte Abschlussrenovierung. Auch mögliche Ansprüche aus einer Betriebskostenabrechnung fallen unter die Sicherungsfunktion der Kaution.

Die Gerichte räumen dem Vermieter eine angemessene »Überlegungsfrist« für die Rückzahlung der Kaution ein. Darüber, wie lange die Frist sein soll, gibt es allerdings keine einheitliche Rechtsprechung. Es wird von einer Frist zwischen drei und sechs Monaten ausgegangen. Wenn besondere Umstände vorliegen, kann die Frist aber auch länger sein. Obwohl mögliche Ersatzansprüche des Vermieters sechs Monate nach Auszug verjähren, darf der Vermieter solche Forderungen auch danach noch mit der Kaution verrechnen.

Häufig wird der Vermieter die Rückzahlung der Kaution deshalb verweigern, weil die Betriebskostenabrechnung noch aussteht und der Vermieter zu einer Teilabrechnung nicht verpflichtet ist. In diesem Fall darf der Vermieter die Kaution bis zum Ablauf der maßgeblichen Abrechnungsfrist zurückbehalten. Deshalb ist es möglich, dass Sie – unabhängig vom Zeitpunkt Ihres Auszugs – Ihre (volle) Kaution erst nach Ablauf der Abrechnungsperiode erhalten, also nach bis zu zwölf Monaten.

 Der Vermieter darf lediglich einen angemessenen Teil der Mietkaution einbehalten, der sich an der Höhe der zu erwartenden Nachforderungen aus der Betriebskostenabrechnung nebst Sicherheitszuschlag orientieren muss. Den übrigen Teil der Kaution muss er Ihnen herausgeben. Grundsätzlich darf der einbehaltene Kautionsbetrag nicht mehr als drei bis vier Vorauszahlungsbeträge betragen.

Wenn der Vermieter die fällige Kaution nicht zurückzahlt, können Sie Schadensersatz geltend machen (z. B. Zinsen, die Sie für eine Kontoüberziehung zahlen müssen). Voraussetzung ist, dass der Vermieter schriftlich gemahnt wurde und eine ihm gesetzte Zahlungspflicht verstrichen ist. Der Anspruch auf Rückzahlung der Kaution verjährt nach drei Jahren.

Achtung: Bei Beendigung des Mietverhältnisses kann der Vermieter nur noch sechs Monate lang, gerechnet ab Rückgabe der Wohnung, die Ausführung von Schönheitsreparaturen bzw. Kostenersatz wegen unterbliebener Renovierung verlangen. Danach sind die Ansprüche verjährt.

---

10   Anhang

Die folgenden Checklisten, Musterprotokolle und -verträge sollen Ihnen zusätzlichen Aufwand in Ihrem Mietverhältnis ersparen:

– Checkliste Wohnungsbesichtigung,
– Muster Übergabeprotokoll,
– Checkliste Heizkostenabrechnung,
– Checkliste Betriebskostenabrechnung,
– Checkliste Mieterhöhung,
– Muster Modernisierungsvereinbarung.

Außerdem finden Sie hier die wichtigsten Adressen der Interessenverbände der Mieter, die Ihnen helfen können, wenn Sie weitere Informationen zum Thema Mieten wünschen oder ein komplexes Mietproblem haben, das in diesem Ratgeber gar nicht oder nur kurz behandelt wird.

Alle Anhänge können Sie auch kostenlos auf unserer Website unter www.steuertipps.de/Als-Mieter-Geld-sparen herunterladen.

10.1 Checkliste Wohnungsbesichtigung

Checkliste Wohnungsbesichtigung

Wohnumfeld   **Bemerkungen**

Gefällt Ihnen die Lage und Umgebung der   ☐ Ja ☐ Nein _____
Wohnung (Nachbarschaft, soziales Umfeld)?

Entspricht die Infrastruktur (Nahverkehr,   ☐ Ja ☐ Nein _____
Einkaufsmöglichkeiten, Schule, Kirche,
Kindergarten etc.) Ihren Bedürfnissen?
                                                               _____

Sind potenzielle Lärmquellen vorhanden   ☐ Ja ☐ Nein _____
(Verkehr, Bahnlinien, Gewerbe, Sporteinrich-
tungen etc.)?

Sind Geruchsbeeinträchtigungen zu erwarten?   ☐ Ja ☐ Nein _____

Gibt es Parkplätze oder Garagen?   ☐ Ja ☐ Nein _____

Gibt es in der Nähe Einkaufsmöglichkeiten?   ☐ Ja ☐ Nein _____

Sind Grünflächen in der Nähe?   ☐ Ja ☐ Nein _____

Wohnung

Warum ist der Vormieter ausgezogen?   _____

Wie groß ist die Wohnfläche?   _____

Entspricht der Zuschnitt der Räume Ihren   ☐ Ja ☐ Nein _____
Erwartungen?

Haben Ihre Möbel Platz?   ☐ Ja ☐ Nein _____

Gibt es genügend Licht und Helligkeit in den   ☐ Ja ☐ Nein _____
Räumen?

Sind im Bad Fenster vorhanden?   ☐ Ja ☐ Nein _____

In welchem Zustand befinden sich Türen und   _____
Böden?

Welcher Bodenbelag ist in der Wohnung und   _____
gehört er zur Wohnung?

Welche Qualität haben die Fenster (Verglasung,   _____
Rahmen)?

Hat die Wohnung viele Außenwände?   ☐ Ja ☐ Nein _____

Sind ausreichend Elektroinstallationen   ☐ Ja ☐ Nein _____
vorhanden?

Wie ist der Zustand der Sanitäranlagen? Öffnen   _____
Sie die Wasserhähne, betätigen Sie die Klo-   _____
spülung, drehen Sie Absperrhähne auf und zu   _____
und überprüfen Sie Emailleabschichtungen auf   _____
Absplitterungen und Risse.

Sind Anschlüsse für Waschmaschine, Trockner,   ☐ Ja ☐ Nein _____
Herd und Kühlschrank an der richtigen Stelle?

Wie wird die Wohnung beheizt (Etagen- oder   _____
Zentralheizung, Fernwärme, Gas, Öl, Nacht-
speicheröfen etc.)?

Bemerkungen

Ist ein Rauchmelder vorhanden? ☐ Ja ☐ Nein _____

Hat die Wohnung einen Balkon und ist dieser
in gutem Zustand? ☐ Ja ☐ Nein _____

Gibt es auffällige Mieter im Haus? ☐ Ja ☐ Nein _____

Funktioniert die Klingelanlage? ☐ Ja ☐ Nein _____

Sind Haustiere erlaubt? ☐ Ja ☐ Nein _____

Kalkulation Kosten

Wie hoch sind die Miete und die Nebenkosten? _____

Soll im Mietvertrag eine Staffelmiete vereinbart
werden? ☐ Ja ☐ Nein _____

Lassen Sie sich die letzte Betriebskostenabrechnung zeigen! _____

Wurde Ihnen der Energieausweis ausgehän-
digt? ☐ Ja ☐ Nein _____

Wie hoch ist die Mietkaution? _____

Müssen Sie eine Maklergebühr zahlen? ☐ Ja ☐ Nein _____

Müssen Sie beim Einzug renovieren? ☐ Ja ☐ Nein _____

Sollen Sie an den Vormieter oder an den Vermieter Abstandszahlungen für übernommene ☐ Ja ☐ Nein _____
feste Einrichtungen zahlen?

Quelle: Deutscher Mieterbund, Berlin, www.mieterbund.de

10.2 Muster Übergabeprotokoll

Muster eines Wohnungsübergabeprotokolls für den Ein- und Auszug

Name der/des Mieter(s): _____

Besichtigte Wohnung, Adresse: _____

☐ Vor dem Einzug
☐ Vor dem Auszug

Bei der Besichtigung der Wohnung am _____ wurden ☐ keine ☐ folgende Mängel festgestellt:

	In Ord-nung	Folgende Mängel wurden festgestellt:	Bemerkungen:
1. Diele/Flur	☐ Ja		
2. Küche	☐ Ja		
3. Bad/WC	☐ Ja		
4. Wohnzimmer	☐ Ja		
5. Balkon	☐ Ja		
6. Schlafzimmer	☐ Ja		
7. Kinderzimmer	☐ Ja		
8. Keller	☐ Ja		
9. Weitere Räume	☐ Ja		
10. Garage	☐ Ja		
sonstige	☐ Ja		

Ablesewerte

Strom	Zählernummer: _____	Stand: _____
Gas (soweit vorhanden)	Zählernummer: _____	Stand: _____
Wasser (Warm und Kalt)		
Ort: _____	Zählernummer: _____	Stand: _____
Ort: _____	Zählernummer: _____	Stand: _____
Ort: _____	Zählernummer: _____	Stand: _____
Ort: _____	Zählernummer: _____	Stand: _____
Heizung		
Ort: _____	Zählernummer: _____	Stand: _____
Ort: _____	Zählernummer: _____	Stand: _____
Ort: _____	Zählernummer: _____	Stand: _____

Bemerkungen – Sonstiges:

_____

_____

_____

_____

Es wurden _____ Wohnungsschlüssel übergeben. Es fehlen noch _____ Wohnungsschlüssel.

Letzte Renovierung: _____

Datum der Wohnungsübergabe: _____

Vermieter: _____
(Unterschrift)

Mieter: _____
(Unterschrift)

Zeuge(n): _____
(Name/Anschrift)

Unterschrift: _____

Quelle: Deutscher Mieterbund, Berlin, www.mieterbund.de

10.3 Checkliste Heizkostenabrechnung

Checkliste Heizkostenabrechnung

Hat der Vermieter die Abrechnungsfrist von zwölf Monaten eingehalten (Ausschlussfrist)?	☐ Ja ☐ Nein
Beträgt der Abrechnungszeitraum ein Jahr?	☐ Ja ☐ Nein
Bei Erdgas, Fernwärme oder Nahwärme:	☐ Ja ☐ Nein
Sind die verbrauchte Energiemenge und der dafür bezahlte Preis angegeben (in kW/h, MW/h, cbm)?	☐ Ja ☐ Nein
Bei Öl oder anderen festen Brennstoffen:	
• Wurde der Anfangs- und Restbestand richtig bewertet und richtig angegeben?	☐ Ja ☐ Nein
• Wurde der Restbestand richtig bewertet und korrekt abgezogen?	☐ Ja ☐ Nein
• Enthält die Abrechnung eine Aufstellung der einzelnen Lieferungen nach Lieferdatum, Menge und Einzelpreis?	☐ Ja ☐ Nein
Fallen alle Daten der Lieferungen in den Abrechnungszeitraum?	☐ Ja ☐ Nein
Sind nur die umlegbaren Kosten enthalten? Reparaturkosten, Trinkgelder, Finanzierungskosten usw. gehören nicht in die Abrechnung.	☐ Ja ☐ Nein
Sind die Kosten für die Messgeräte angemessen?	☐ Ja ☐ Nein
Wartungskosten sollten nicht höher als 5 Prozent der Brennstoffkosten sein. Ist diese Grenze eingehalten?	☐ Ja ☐ Nein
Betriebsstromkosten sollten nicht höher als 5 Prozent der Brennstoffkosten sein. Sind diese Werte eingehalten?	☐ Ja ☐ Nein
Entspricht der Verteilerschlüssel den Vorgaben der Heizkostenverordnung? Sind die Grundkosten für Heiz- und Warmwasserkosten mit 30 bis 50 Prozent angesetzt worden, die Verbrauchskosten entsprechend mit 50 bis 70 Prozent?	☐ Ja ☐ Nein
Trägt der Vermieter die Grundkosten für leer stehende Wohnungen selbst?	☐ Ja ☐ Nein
Entspricht der Verteilerschlüssel dem des Vorjahres? Änderungen sind nur in Ausnahmefällen zulässig.	☐ Ja ☐ Nein
Ist nach Ihrem Ein- oder Auszug eine Zwischenablesung durchgeführt worden?	☐ Ja ☐ Nein
Zahlt der Vermieter die Kosten für die Zwischenablesung selbst?	☐ Ja ☐ Nein
Wenn Ihr Verbrauch geschätzt werden musste – entspricht die Schätzung den Vorgaben der Heizkostenverordnung?	☐ Ja ☐ Nein
Ist der Warmwasserverbrauch für das Haus bei einer „verbundenen Anlage" korrekt aufgeteilt worden?	☐ Ja ☐ Nein

Quelle: Deutscher Mieterbund, Berlin, www.mieterbund.de

Hinweis:

Wenn Sie eine der genannten Fragen mit „Nein" beantwortet haben, sollten Sie die Abrechnung von Ihrem örtlichen Mieterverein prüfen lassen. Hat Ihr Vermieter nicht verbrauchsabhängig abgerechnet, obwohl er nach der Heizkostenverordnung hierzu verpflichtet wäre, können Sie 15 Prozent von Ihrer Rechnung direkt abziehen.

10.4 Checkliste Betriebskostenabrechnung

Checkliste Betriebskostenabrechnung

Müssen Sie laut Mietvertrag die in der Abrechnung aufgeführten Betriebskosten tragen?	☐ Ja	☐ Nein
Sind alle genannten Kostenpositionen tatsächlich Betriebskosten?	☐ Ja	☐ Nein
Wurde die Abrechnungsfrist von zwölf Monaten eingehalten?	☐ Ja	☐ Nein
Beträgt der Abrechnungszeitraum ein Jahr?	☐ Ja	☐ Nein
Lassen sich alle abgerechneten Kosten dem Abrechnungszeitraum zuordnen?	☐ Ja	☐ Nein
Ist die Abrechnung nachvollziehbar und verständlich?	☐ Ja	☐ Nein
Sind die Angaben des Mieters rechnerisch richtig?	☐ Ja	☐ Nein
Wurde der zugrunde gelegte Verteilungsschlüssel genannt und erläutert?	☐ Ja	☐ Nein
Stimmen die in der Abrechnung angewendeten Verteilerschlüssel mit dem im Mietvertrag genannten Umlageschlüssel überein?	☐ Ja	☐ Nein
Stimmen die Flächenangaben und die Angaben zu den Bewohnern?	☐ Ja	☐ Nein
Hat der Vermieter die Kosten für leer stehende Wohnungen selbst übernommen?	☐ Ja	☐ Nein
Ist bei teilweise gewerblich genutzten Objekten mit potenziell höheren Verbrauchskosten ein nachvollziehbarer Vorabzug ausgewiesen?	☐ Ja	☐ Nein
Ist der Grundsatz der Wirtschaftlichkeit beachtet worden?	☐ Ja	☐ Nein
Sind extreme Kostensteigerungen gegenüber dem Vorjahr plausibel erläutert?	☐ Ja	☐ Nein
Sind einzelne Kostenpositionen gegenüber marktüblichen Preisen extrem überhöht?	☐ Ja	☐ Nein
Sind Ihre Vorauszahlungen mit dem auf Sie entfallenden Kostenanteil verrechnet worden?	☐ Ja	☐ Nein
Ist der auf Sie entfallende Kostenanteil nachvollziehbar errechnet?	☐ Ja	☐ Nein
Wurden die Kosten nach Ihrem Ein- oder Auszug korrekt auf die tatsächliche Mietdauer aufgeteilt?	☐ Ja	☐ Nein

Quelle: Deutscher Mieterbund, Berlin, www.mieterbund.de

Hinweis:

Wenn Sie eine der genannten Fragen mit „Nein" beantwortet haben, ist Ihre Abrechnung möglicherweise fehlerhaft. Dann müssen Sie prüfen, ob eine formell fehlerhafte Abrechnung oder ein inhaltlicher Fehler vorliegt.

10.5 Checkliste Mieterhöhung

Checkliste Mieterhöhung

Überprüfen Sie anhand dieser Checkliste, ob die Mieterhöhung wirksam ist.

	Ja	Nein
Richtiger Absender? Nur der Vermieter darf die Miete erhöhen. Haus- oder Wohnungskäufer müssen im Grundbuch eingetragen sein, Erben müssen einen Erbschein vorweisen können, sonst dürfen sie die Miete nicht erhöhen.	☐	☐
Schriftlich? Mündliche oder telefonische Mieterhöhungen reichen nicht aus. Die schriftliche Mieterhöhung muss von allen Vermietern stammen.	☐	☐
Richtig adressiert? Die Mieterhöhung muss zum Beispiel bei Ehepaaren oder Mitgliedern einer Wohngemeinschaft an alle Mieter adressiert sein.	☐	☐
Textform? Vermieter können Mieterhöhungen auch in „Textform" schicken. Diese Mieterhöhungen müssen dann nicht mehr unterschrieben werden. Es reicht aus, wenn am Ende der Textform-Erklärung die „Nachbildung einer Namensunterschrift" erkennbar ist, zum Beispiel als Faksimile, oder hier eine maschinelle Unterschrift steht.	☐	☐
Mieterhöhung von Bevollmächtigtem? Der Vermieter kann Anwälte, Hausverwaltung oder Eigentümervereine bevollmächtigen, für ihn die Mieterhöhungserklärung abzugeben. Dann muss der Mieterhöhung aber die Original-Vollmachtsurkunde beiliegen. Fehlt sie, kann die Mieterhöhung zurückgewiesen werden. Der Mieter hat höchstens 14 Tage Zeit.	☐	☐
Jahressperrfrist eingehalten? Nach Einzug in die Wohnung oder nach der letzten Mieterhöhung auf die Vergleichsmiete müssen mindestens zwölf Monate liegen, sonst ist die Erhöhung unwirksam.	☐	☐
Begründung? Der Vermieter muss begründen, dass die von ihm verlangte Miete ortsüblich ist. Er kann sich dabei auf einen Mietspiegel, eine Mietdatenbank, ein Sachverständigen-Gutachten oder auf drei Vergleichswohnungen berufen.	☐	☐
Qualifizierter Mietspiegel? Das sind Mietspiegel, die nach anerkannter wissenschaftlichen Grundsätzen erstellt wurden und von den Gemeinden oder gemeinsam von Mietervereinen und Eigentümervereinen anerkannt worden sind. Der Vermieter muss sich – soweit vorhanden – auf diesen Typ Mietspiegel bei der Begründung berufen. Wählt er ein anderes Begründungsmittel, muss er die Zahlen des qualifizierten Mietspiegels zum Vergleich mit angeben.	☐	☐
Vergleichswohnung? Oft sind Vergleichswohnungen tatsächlich nicht vergleichbar. Adresse, Geschoss und Quadratmeterpreis der Vergleichswohnungen müssen angegeben sein. Vergleichswohnungen sind meist überteuert. Ist ein Mietspiegel vor Ort vorhanden, muss dieser immer zum Vergleich mit herangezogen werden. Die Zahlen eines qualifizierten Mietspiegels muss der Vermieter angeben.	☐	☐
Gutachten? Das Gutachten muss im vollen Wortlaut der Mieterhöhung beigefügt sein. Es muss von einem vereidigten und bestellten Sachverständigen stammen. Auch hier gilt: Wenn möglich, immer mit den Werten des Mietspiegels vergleichen. Die Zahlen eines qualifizierten Mietspiegels muss der Vermieter als Vergleich angeben.	☐	☐

Mietspiegel? Beim Mieterverein erhalten Mieter einen Mietspiegel und können so prüfen, ob der Vermieter die Wohnung nach Lage, Baujahr, Ausstattung, Größe usw. richtig eingruppiert hat. Bei Preisspannen kann vom Mittelwert ausgegangen werden. Alles andere ist besonders zu begründen.	☐ Ja ☐ Nein
Wohnungsgröße? Hier muss geprüft werden, ob die im Mieterhöhungsschreiben angegebene Wohnungsgröße stimmt. Es kommt auf die tatsächliche Wohnungsgröße an.	☐ Ja ☐ Nein
Kappungsgrenze berücksichtigt? Die ortsübliche Vergleichsmiete ist die absolute Obergrenze für Mieterhöhungen. Selbst, wenn die Vergleichsmiete drastische Mietsprünge zulassen würde und die bisherige Miete niedrig ist, innerhalb von drei Jahren darf die Miete höchstens um 20 Prozent steigen. Verglichen werden muss die Miete, wie sie der Vermieter für die Zukunft fordert, mit der Miete, die der Mieter vor drei Jahren (drei Jahre vor Wirksamwerden der neuen Mieterhöhung) gezahlt hat.	☐ Ja ☐ Nein
Überlegungsfrist nutzen! Der Mieter hat ausreichend Zeit zu prüfen, ob er der Mieterhöhung zustimmt oder nicht: den Rest des Monats, in dem er die Mieterhöhung erhält und die beiden nachfolgenden Monate.	☐ Ja ☐ Nein
Zustimmung erteilen? Ohne Zustimmung des Mieters wird die Mieterhöhung nicht wirksam. Der Mieter kann der Mieterhöhung auch nur zum Teil zustimmen. Will der Vermieter die Mieterhöhung durchsetzen, muss er klagen.	☐ Ja ☐ Nein

Quelle: Deutscher Mieterbund, Berlin, www.mieterbund.de

10.6 Muster Modernisierungsvereinbarung

Vertrag über die Modernisierung durch Mieter (für nicht preisgebundene Wohnungen)

Zwischen
(Vorname, Name) _____

wohnhaft in _____

(im folgenden genannt Vermieter)

und
(Vorname, Name) _____

und dessen/deren Ehegatten _____

wohnhaft in _____

(im folgenden genannt Mieter)

wird zur Durchführung von baulichen Maßnahmen, die den Gebrauchswert der Wohnung nachhaltig erhöhen oder die allgemeinen Wohnverhältnisse auf Dauer verbessern oder nachhaltig Einsparungen von Heizenergie bewirken, folgende Vereinbarung geschlossen:

§ 1 Allgemeines

(1) Die Vereinbarung bezieht sich auf die Wohnung des Mieters im Haus

_____

(Ort, Straße, Hausnummer)

im _____ Geschoss _____
(z. B. rechts, links, Mitte)

(2) Diese Vereinbarung ist eine Ergänzungsvereinbarung zu dem Mietvertrag

vom _____ und wird dessen Bestandteil.

§ 2 Gegenstand der Arbeiten

(1) Die Parteien sind sich darüber einig, dass in der Wohnung des Mieters

☐ in sämtlichen Räumen

☐ im Bad

☐ in der Küche

☐ im/in _____

bauliche Maßnahmen durchgeführt werden.

Die Arbeiten betreffen

☐ Fenster/Türen/Rollläden

☐ Heizung/Warmwasseranlage

☐ Wärme-/Schallisolierung von Wänden / Böden / Decken / des Daches

☐ Sanitärinstallation

☐ Elektroinstallation

(2) Art und Umfang der Maßnahmen im Einzelnen ergeben sich aus der Anlage 1 dieses Vertrages. Sie ist Vertragsbestandteil.

§ 3 Leistungen des Mieters

(1) Der Mieter führt die Maßnahmen im eigenen Namen sowie auf eigene Kosten und auf eigene Rechnung aus, soweit sie nicht gemäß Abschnitt II der Anlage 1 dem Vermieter obliegen. Er ist dem Vermieter gegenüber verpflichtet, die Arbeiten ordnungsgemäß durchzuführen.

(2) Die Anlagen und Einrichtungen, mit denen die Wohnung aufgrund dieser Vereinbarung ausgestattet wird, gehen in das Eigentum des Vermieters über, auch soweit sie nicht wesentliche Bestandteile des Grundstücks werden. Der Mieter verzichtet auf das Recht, solche Anlagen und Einrichtungen wegzunehmen.

(3) Zur Vermeidung von Schäden aus der Durchführung der Maßnahmen verpflichtet sich der Mieter, Arbeiten, die besondere Fachkenntnisse und die Einhaltung technischer Vorschriften erfordern, nur durch Fachfirmen oder in fachkundiger Selbsthilfe oder Nachbarschaftshilfe durchzuführen.

Der Mieter erklärt, dass er folgende Haftpflichtversicherung abgeschlossen hat:

_____

(4) Die Arbeiten sollen in der Zeit

vom _____ (Monat, Jahr)

bis _____ (Monat, Jahr)

durchgeführt werden.

(5) Die Kosten des Mieters für die gesamten Maßnahmen einschließlich der hierdurch verursachten Instandsetzungsarbeiten werden voraussichtlich

Euro _____

in Worten _____

betragen. Dieser Betrag setzt sich wie folgt zusammen:

☐ Handwerkerleistungen gemäß beigefügten Kostenvoranschlägen ca. Euro _____

☐ vom Mieter zu beschaffendes Material ca. Euro _____

☐ Arbeitsaufwand des Mieters, der

    ☐ pauschal bewertet wird mit Euro _____

    ☐ auf _____ Arbeitsstunden bei einem Stundensatz von Euro _____
    veranschlagt wird; folglich ergibt sich insoweit ein Betrag von ca. Euro _____

Insgesamt ca. Euro _____

(6) Nach Abschluss der Maßnahmen sind die Arbeiten vom Vermieter abzunehmen und die endgültigen Kosten des Mieters festzustellen. Hierüber wird ein Abnahme- und Kostenfeststellungsprotokoll nach Anlage 2 dieser Vereinbarung aufgenommen. Es wird Vertragsbestandteil. Zur Feststellung der endgültigen Kosten hat der Mieter Belege beizubringen.

§ 4 Leistungen des Vermieters

(1) Der Vermieter verzichtet für die Abwohndauer auf sein ordentliches Kündigungsrecht, außer für den Fall einer schuldhaften nicht unerheblichen Verletzung der vertraglichen Verpflichtungen des Mieters.

(2) Für künftige Mieterhöhungen und für die Instandhaltung der vom Mieter geschaffenen Einrichtungen gilt die bei a) / b) vorgesehene Regelung.

a) Die Maßnahmen, die Gegenstand dieser Vereinbarung sind, bleiben während der Abwohndauer bei Mieterhöhungen im Rahmen der ortsüblichen Vergleichsmiete außer Betracht. Der Vermieter ist für die Dauer des Mietverhältnisses verpflichtet, für die Instandhaltung, Wartung und gegebenenfalls Erneuerung der Einrichtungen zu sorgen. Soweit nach dem Mietvertrag der Parteien Kleinreparaturen und Schönheitsreparaturen vom Mieter übernommen worden sind, gilt dies auch für die neuen Einrichtungen.

b) die Maßnahmen, die Gegenstand dieser Vereinbarung sind, bleiben während der gesamten Dauer des Mietverhältnisses bei Mieterhöhungen im Rahmen der ortsüblichen Vergleichsmiete außer Betracht. Der Mieter ist für die gleiche Zeit verpflichtet, für die Instandhaltung, Wartung und gegebenenfalls Erneuerung der Einrichtungen zu sorgen.

(3) Die Abwohndauer

- beträgt jeweils vier Jahre für Aufwendungen in Höhe einer Jahresmiete, insgesamt jedoch mindestens fünf und höchstens fünfzehn Jahre. Sie beginnt mit der Abnahme der Arbeiten. Als Jahresmiete gilt das Zwölffache der monatlichen Miete bei Abschluss dieser Vereinbarung; Nebenkosten, über die gesondert abzurechnen ist, bleiben unberücksichtigt.

- läuft bis zum Ende des Jahres _____

§ 5 Abwicklung bei Beendigung des Mietverhältnisses und bei nachfolgenden Maßnahmen des Vermieters

(1) Bei Beendigung des Mietverhältnisses hat der Mieter Anspruch auf Rückzahlung des Restwerts der durchgeführten Maßnahmen. Der Mieter verzichtet jedoch für die Dauer von _____ Jahren auf sein ordentliches Kündigungsrecht.

(2) Der Anspruch auf Rückzahlung des Restwerts besteht auch dann, wenn die Maßnahmen des Mieters durch nachfolgende Maßnahmen des Vermieters zerstört oder wertlos gemacht werden.

(3) Für die Berechnung des Restwerts werden von den Aufwendungen des Mieters (Abschnitt II der Anlage 2) bis zum Ablauf eines Jahres nach der Abnahme zwanzig vom Hundert und in den folgenden Jahren jeweils weitere zehn / _____ vom Hundert abgezogen.

§ 6 Sonstige Vereinbarungen

_____

_____

_____

_____

_____

(Ort, Datum)   (Vermieter)

_____

(Ort, Datum)   (Mieter)

Anlage 1 zum Vertrag über die Modernisierung durch Mieter (Beschreibung der Maßnahmen)

I. In der Wohnung des Mieters werden unter der Verantwortung des Mieters folgende Maßnahmen durchgeführt:

Lfd. Nr.	Maßnahme	Räume	Besondere Festlegungen	Leistungen a) von Handwerkern b) des Mieters selbst	Veranschlagte Kosten a) Handwerker b) Mieter

Hinweis: Es ist größtmögliche Genauigkeit anzustreben, um Unklarheiten zu vermeiden.

II. Der Vermieter beteiligt sich an den vorbezeichneten Modernisierungsmaßnahmen mit einem finanziellen Beitrag von Euro _____

   ☐ durch folgende Sicherheit für ein Bausspardarlehen / Bankdarlehen des Mieters: _____

   ☐ mit folgenden Maßnahmen _____

_____   _____
(Ort, Datum)   (Vermieter)

_____   _____
(Ort, Datum)   (Mieter)

Anlage 2 zum Vertrag über die Modernisierung durch Mieter (Abnahmen und Kostenfeststellung)

I. Abnahme

   1. Der Vermieter bestätigt, dass die in § 2 in Verbindung mit Anlage 1 des Vertrages bezeichneten Maßnahmen ordnungsgemäß durchgeführt und keine Mängel festgestellt wurden: ☐ ja ☐ nein

   2. Es wurden folgende Mängel festgestellt:

   _____

   _____

   3. Der Mieter verpflichtet sich, die festgestellten Mängel bis spätestens zum _____ zu beseitigen.

   4. Bei folgenden Maßnahmen ist streitig, ob sie ordnungsgemäß durchgeführt worden sind:

   _____

   _____

   Die Parteien unterwerfen sich der Beurteilung durch einen neutralen Handwerksmeister, der von der Handwerkskammer benannt wird. Die dabei anfallenden Kosten tragen beide Parteien je zur Hälfte. Der Mieter verpflichtet sich, die von dem Handwerksmeister festgestellten Mängel binnen _____ Wochen zu beseitigen.

II. Kostenfeststellung

   Mieter und Vermieter stellen übereinstimmend fest, dass für die in § 2 in Verbindung mit Anlage 1 des Vertrages bezeichneten Maßnahmen Aufwendungen des Mieters in Höhe von Euro _____ zu berücksichtigen sind.

_____   _____
(Ort, Datum)   (Vermieter)

_____   _____
(Ort, Datum)   (Mieter)

Quelle: Deutscher Mieterbund, Berlin; Bundesjustizministerium

10.7 Wichtige Adressen der Interessenverbände der Mieter

Deutscher Mieterbund e. V.
Littenstraße 10, 10179 Berlin
Telefon: 0 30/2 23 23-0
Fax: 0 30/2 23 23-100
Email: info@mieterbund.de
Internet: www.mieterbund.de

DMB Landesverband Baden-Württemberg e. V.
Olgastraße 77, 70182 Stuttgart
Telefon: 07 11/2 36 06 00
Fax: 07 11/2 36 06 02
Email: info@mieterbund-bw.de
Internet: www.mieterbund-bw.de

DMB Landesverband Bayern e. V.
Sonnenstraße 10, 80331 München
Telefon: 0 89/8 90 57 38-0
Fax: 089/8 90 57 38 11
Email: info@mieterbund-bayern.org
Internet: www.mieterbund-landesverband-bayern.de

Berliner Mieterverein e. V.
Landesverband im DMB
Spichernstraße 1 , 10777 Berlin
Telefon: 0 30/2 26 26-0
Fax: 0 30/2 26 26-1 61
Email: bmv@berliner-mieterverein.de
Internet: www.berliner-mieterverein.de

Deutscher Mieterbund Land Brandenburg e. V.
Landesverband im Deutschen Mieterbund
Am Luftschiffhafen 1, 14471 Potsdam
Telefon: 03 31/27 97 60 50
Fax: 03 31/27 97 60 59
Email: info@mieterbund-brandenburg.de
Internet: www.mieterbund-brandenburg.de

Mieterverein zu Hamburg von 1890 e. V.
Landesverband im DMB
Beim Strohhause 20, 20097 Hamburg
Telefon: 0 40/8 79 79-0
Fax: 0 40/87 97 91 20
Email: info@mieterverein-hamburg.de
Internet: www.mieterverein-hamburg.de

DMB Landesverband Hessen e. V.
Adelheidstraße 70, 65185 Wiesbaden
Telefon: 06 11/41 14 05-0
Fax: 06 11 / 41 14 05-29
Email: info@mieterbund-hessen.de
Internet: www.mieterbund-hessen.de

DMB Landesverband Mecklenburg-Vorpommern e. V.
G.-Hauptmann-Str. 19, 18055 Rostock
Telefon: 03 81/3 75 29 20
Fax: 03 81/3 75 29 29
Email: post@mieterbund-mvp.de
Internet: www.mieterbund-mvp.de

Deutscher Mieterbund Niedersachsen-Bremen e. V.
Herrenstraße 14, 30159 Hannover
Telefon: 05 11/1 21 0 6-0
Fax: 05 11/1 21 06 16
Email: info@dmb-nieders-bremen.de
Internet: www.dmb-nieders-bremen.de

Deutscher Mieterbund Landesverband Nordrhein-Westfalen e. V.
Oststraße 55, 40211 Düsseldorf
Telefon: 02 11/58 60 09-0
Fax: 02 11/58 60 09-29
Email: mieter@dmb-nrw.de
Internet: www.dmb-nrw.de

DMB Landesverband Rheinland-Pfalz e. V.
Löhrstraße 78-80, 56068 Koblenz
Telefon: 02 61/1 76 09
Fax: 02 61/1 76 73
Email: dmb-rhpl@gmx.de
Internet: www.mieterbund-rhpl.de

DMB Landesverband Saarland e. V.
Karl-Marx-Straße 1, 66111 Saarbrücken
Telefon: 06 81/9 47 67 0
Fax: 06 81/94 76 72 81
Email: info@mieterbund-sb.de
Internet: www.mietrecht-saar.de

Deutscher Mieterbund Landesverband Sachsen e. V.
Fetscherplatz 3, 01307 Dresden
Telefon: 03 51/8 66 45 66
Fax: 03 51/8 66 45 11
Email: landesverband-sachsen@mieterbund.de
Internet: www.mieterbund-sachsen.de

**Deutscher Mieterbund Landesverband
Sachsen-Anhalt e. V.**
Alter Markt 6, 06108 Halle
Telefon: 03 45/2 02 14 67
Fax: 03 45/2 02 14 68
Email: info@mieterbund-sachsen-anhalt.de
Internet: www.mieterbund-sachsen-anhalt.de

Deutscher Mieterbund Landesverband Schleswig-Holstein e. V.
Eggerstedtstraße 1, 24103 Kiel
Telefon: 04 31/9 79 19-0
Fax: 04 31/9 79 19 31
Email: info@mieterbund-schleswig-holstein.de
Internet: www.mieterbund-schleswig-holstein.de

Deutscher Mieterbund Landesverband Thüringen e. V.
Hirschlachufer 83 a, 99084 Erfurt
Telefon: 03 61/59 80 50
Fax: 03 61/5 98 05 20
Email: info@mieterbund-thueringen.de
Internet: www.mieterbund-thueringen.de